ORIGINE

DE LA FAMILLE SCABINALE YPROISE

BAELDE

ET

GÉNÉALOGIE INÉDITE

D'UNE BRANCHE EXISTANTE DE CETTE FAMILLE,

1375—1905,

ÉTABLIES SUR TITRES

PAR

ÉMILE DE SAGHER,

ARCHIVISTE DE LA VILLE D'YPRES.

ANVERS
IMPRIMERIE LAPORTE & DOSSE.
1906

ORIGINE

DE LA FAMILLE SCABINALE YPROISE

BAELDE

ET

GÉNÉALOGIE INÉDITE

D'UNE BRANCHE EXISTANTE DE CETTE FAMILLE,

1375–1905,

ÉTABLIES SUR TITRES

PAR

ÉMILE DE SAGHER,

ARCHIVISTE DE LA VILLE D'YPRES.

ANVERS

IMPRIMERIE LAPORTE & DOSSE.

1906

UN MOT DE PRÉFACE.

La famille scabinale Yproise BAELDE, qui fait l'objet de la présente notice, compta, pendant environ deux cent vingt-cinq années, de nombreux représentants, tant dans les différents collèges du Magistrat proprement dit (¹), que dans les collèges subalternes de la ville d'Ypres.

D'après J. Gaillard: Bruges et le Franc ou Leur magistrature et leur noblesse, Bruges 1858, tome II, page 136, et A. A. Vosterman van Oyen: Stam- en Wapenboek, van aanzienlijke Nederlandsche familien, Groningen 1881, 1ière partie, pages 18-20, cette famille, originaire d'Italie, serait venue se fixer à Ypres vers la fin du XIIIᵉ siècle et aurait eu pour auteur connu à Ypres *Jacques* BAELDE, qui épousa vers 1366, Lorette, aliter Chrétienne *Immeloot*.

Quant à l'origine italienne de cette famille, ignorant où les dits auteurs ont puisé ce renseignement, nous ne la contestons pas d'une façon absolue. Mais nous nous avouons assez singulièrement surpris de voir, au XIIIᵉ siècle, débarquer d'Italie une famille dont le nom est d'origine tout-à-fait flamande. Le nom Baelde en effet, qu'il soit ortographié Baelde, Balde, Baelden, Balden (²), peut-il être autre chose que la forme flamande des prénoms Baudouin ou Idesbalde (³) ?

Pour l'auteur de la famille et la date à laquelle il se serait marié, les documents authentiques, sur lesquels le présent travail est basé, font prompte justice de cette affirmation erronée. D'ailleurs Vosterman van Oyen a senti lui même qu'on ne pouvait décemment faire remonter ce personnage à cette époque reculée qu'au moyen d'un savant remplissage, prudemment privé de toute date pour lui donner un air de vraisemblance. C'est ainsi que les degrés II, III et IV du „Stam- en Wapenboek" qui seraient les arrière-grand-père, grand-père et père du degré V, sont en réalité les frère, neveu et petit-neveu du personnage formant ce degré dans l'ouvrage susdit et portant

---

(1) Le magistrat de la ville d'Ypres, à l'entrée des Baelde dans son sein, était composé comme suit : Un avoué „Vooghd" et treize Echevins „Scepenen", nommés par les Commissaires au Renouvellement des Lois de Flandre, représentant le Souverain ; douze conseillers „Raden" ou „Raden ter Camere" sous la présidence d'un des leurs, chargé des fonctions de Chef-tuteur de la ville „Vooghd van weesen" ; quatre chefs-hommes „hooftmannen", savoir des Bourgeois „Poorterye", de la draperie „Draperye", des Foulons „Vulderye" et des communs négoces, „ghemeene neringhen"; un collège de vingt-sept membres dits „Raden van den XXVIIghen", un collège de dix-sept membres, plus ou moins, dits „Notabele Poorters", ceux-ci tous nommés par les Avoué et Echevins susdits. Il existait en outre, à la nomination des mêmes, une foule de collèges divisés en grands et petits „groote" et „cleene officien", chargés de la vérification et de la surveillance de toutes les industries et de tous les négoces de la ville. (Archives Communales d'Ypres. Registre au renouvellement du Magistrat et de tous les collèges en dépendant, 1475-1792).

(2) Outre ces différentes formes du nom nous rencontrons encore à plusieurs reprises la variante BELS.

(3) Voici un exemple de l'emploi de ce prénom „ Che sont chil qui ont acquis leur bourgoisie — l'an de grâce „M. CCC. et XX, puis le diemenche devant le Toussains en encha (26 octobre 1320) : — Première- „ment — Item le lundi ès Paskerès l'an M. CCC. et XXI (20 avril 1321): — Braem Nachtegale „acquist sa bourgoisie — Tiesmoigns: — BALDE li Wachtere". (Archives Communales d'Ypres. Comptes en rouleaux de la ville. Compte n° 27, 9bre 1320 — 9bre 1321. Rouleau I—C).

le numéro III de la présente notice. Il est vrai que nous aussi, nous remontons presque à cette époque, puisque l'auteur de la famille doit être né dans le dernier quart du XIVᵉ siècle. Mais nous donnons, avec les dates, une génération en plus, qui nous ramène dans le domaine de la réalité, et nous étayons nos dires de documents authentiques que nous indiquons soigneusement en note. Ajoutons que ce n'est pas en 1366 mais dans la seconde moitié du XVᵉ siècle, 1460-1480, que cette famille s'établit à Ypres.

D'après les documents que nous avons consultés, la famille Baelde est originaire de la commune de Neuve-Eglise (West-Nieukerke), située dans l'arrondissement d'Ypres, à mi-chemin de cette ville et de celle de Bailleul (France-Département du Nord). Elle résidait déjà dans cette paroisse dès la première moitié du XVᵉ siècle et y comptait de nombreux rameaux. Nous croyons qu'elle formait une branche de la famille de ce nom, qui étendait ses innombrables ramifications dans toutes les communes limitrophes du Département du Nord sises entre les dites villes. Car la famille Baelde, dont nous nous occupons ici, ne fut pas la seule de ce nom, qui acquit le droit de bourgeoisie à Ypres. Au cours de nos recherches nous avons encore rencontré deux autres branches, remontant à la même époque, qui acquirent au XVᵉ siècle la même civilité; l'une habitant Neuve-Eglise et évidemment apparentée à la première, puisqu'on y rencontre les mêmes tuteurs, les mêmes témoins, etc., continua à résider à Neuve-Eglise (¹), tout en projetant des rameaux à Ypres, Dranoutre, etc.; l'autre ayant son siège à Nieppe „Nip-kercke", commune limitrophe de Neuve-Eglise, vint s'établir à Ypres pour y exercer le métier de foulonnier. A Bailleul même on rencontre des personnages de ce nom dès la première moitié du XVᵉ siècle. En un mot nous pouvons dire que dans toute cette région on ne pouvait faire un pas sans se heurter à un rameau de cette famille. L'Italien de Gaillard et de Vosterman van Oyen a dû être singulièrement prolifique pour que ses descendants aient pu, dans le cours d'un siècle et demi, envahir la moitié d'une province et se répandre jusque dans les coins les plus obscurs de celle-ci.

A faire cette constatation on comprend aisément que pareille famille n'ait pu s'éteindre dans son pays d'origine et il ne surprendra personne d'apprendre qu'aujourd'hui encore on trouve à Neuve-Eglise et dans ses environs de nombreux personnages de ce nom.

Un mot maintenant au sujet de la position sociale de cette famille.

Les nombreux biens immeubles qui, au XVᵉ siècle, constituaient les successions de différents membres des deux branches de Neuve-Eglise, la présence de représentants de celles-ci dans la magistrature locale (²) et la fondation de nombreux anniversaires

---

(1) Voir, outre les sources aux archives communales d'Ypres: I. L. A. Diegerick. Documents du XVIᵉ siècle concernant les troubles religieux en quatre volumes. Table. — Ed. de Coussemaker. Troubles religieux du XVIᵉ siècle dans la Flandre Maritime 1560—1570. Quatre tomes. Tables, &a &a. — C'est vraisemblablement de cette branche qu'est issu le rameau protestant publié dans les „Genealogische Nachrichten „über einige der ältesten Familien der Neustadt Hanau von Dr. A. von den Velden — Weimar 1901" pages 4—10. Chose assez singulière ce rameau porte pour armes, celles de la branche gantoise, coupé des armes primitives de la famille chargées de la brisure *(les trois merlettes)*, que l'on rencontre dans l'écusson de *Denis* BAELDE, Conseiller au conseil de Flandre et appartenant à la branche Yproise. Cette circonstance ferait supposer que les Baelde „der Neustadt Hanau" descendent de la famille Yproise par un cadet de la branche Gantoise. L'examen des sources nous en fait douter.

(2) Archives de l'Eglise de Neuve-Eglise. Ordonnance pour la célébration des anniversaires fondés en la dite église et nomenclature de ceux-ci, rédigées le 22 janvier 1455 (n. st.) et renouvelées en février 1565 (n. st.) fᵒ 6ᵛᵒ. — I. de Coussemaker. Documents inédits sur Bailleul. Tome I, page 169. — I. Diegerick. Inventaire des chartes et documents appartenant aux archives d'Ypres. Tome IV, p. 78.

pour leurs membres décédés (¹) disent, nous semble-t-il, suffisamment que cette famille occupait une des premières places dans la hiérarchie sociale de cette paroisse. Bien plus, les nombreuses alliances que, dès le moment de son établissement à Ypres, elle contracta avec les familles scabinales, voire même avec les maisons nobles, prouvent qu'à ce moment déjà cette famille jouissait d'une situation analogue à celle des principales familles Yproises de grande bourgeoisie. Cette conclusion s'impose encore davantage quand on constate que le premier membre de cette famille, qui vint s'établir à Ypres (Voir degré III), fut nommé par le magistrat de cette ville dans un des grands collèges, trois ans seulement après sa réadmission à la bourgeoisie et fut élevé au rang d'Echevin, avec les représentants de toutes les plus grandes et plus anciennes familles, six ans à peine après sa dite réadmission et dix ans après son établissement en cette ville. En un mot tout tend à prouver que la famille Baelde était, à cette époque, du nombre de ces opulentes familles scabinales Yproises, qui continuèrent, aux XVᵉ et XVIᵉ siècles, les traditions des riches marchands drapiers des XIIIᵉ et XIVᵉ siècles, lesquels formèrent de véritables lignages scabinaux. C'est d'ailleurs pour exercer l'industrie drapière que les Baelde semblent s'être fixés à Ypres.

Nous n'avons pu découvrir de quelle industrie s'occupaient les deux premières, générations. Mais certains indices, certaines alliances nous font croire qu'elles n'étaient pas étrangères à cette industrie avant leur établissement dans le principal centre drapier de la West-Flandre. Il n'y aurait d'ailleurs rien d'étonnant à ce fait, Neuve-Eglise étant un centre drapier très-important, qui, aux XIVᵉ, XVᵉ & XVIᵉ siècles, c'est-à-dire à l'époque de la décadence de la grande industrie Yproise, fit à celle-ci, avec les autres paroisses de cette contrée, une concurrence désastreuse (²).

La situation sociale de la famille que nous venons de faire entrevoir se maintint-elle? Pour certains rameaux elle ne fit que monter, car nous les voyons donner naissance à des branches qualifiées de nobles, dont la présente notice ne s'occupe pas, leur généalogie ayant été publiée. Mais il n'en fut pas de même pour toutes les branches de cette famille. En effet certaines végétèrent à travers les siècles, jusqu'à leur extinction, dans une situation sociale sensiblement la même, tandis que d'autres, après à peine cinq quarts de siècle d'existence, descendirent rapidement l'échelle sociale pour tomber, sinon dans la classe ouvrière, du moins dans la toute petite bourgeoisie.

Celle dont nous donnons la généalogie ci-après est une de ces dernières. Nous devons cependant ajouter qu'un de ses rameaux, s'est, à l'exemple de ses ancêtres, conquis de haute lutte sa place au soleil et est en train de remonter avec tenacité vers la situation première de la famille.

C'est, sollicité par un membre de ce rameau, que nous avons recherché si, comme une tradition de famille le faisait supposer, il appartenait à la famille Yproise Baelde ayant projeté une branche en Hollande. Les notes que nous avons relevées au cours de ces recherches, nous servent aujourd'hui à donner la véritable origine de cette famille et la généalogie inédite d'une de ses branches encore existantes.

Il va sans dire que, comme ses similaires, la famille BAELDE portait armoiries, savoir: *de sable, au chevron d'or, accompagné de trois fleurs de lis d'argent.*

---

(1) Archives de l'Eglise de Neuve-Eglise. Manuscrit susdit „passim".
(2) I. Diegerick. Inventaire des Chartes et Documents, appartenant aux Archives d'Ypres. Tome V, pages 8, 250, etc.

Nous n'avons pas eu le bonheur de mettre la main sur des sceaux de personnages de cette famille.

Mais ces armes sont données comme celles de cette lignée par les : „Généalo-„gies des familles les plus notables de la province de Flandres, recueillies et rédigées „par Mr Jean-Louis Joigny de Pamele, prêtre, chanoine du membre de Térouane en la „cathédrale d'Ypres, mort le 21 novembre 1697", descendant lui-même d'une famille Scabinale Yproise, remontant au XIVᵉ siècle.

En outre elles sont peintes en tête d'un magnifique tableau généalogique de la famille Baelde dressé au XVIIᵉ siécle, (donc de l'aveu et au su des membres existants de celle-ci), donnant les principales branches de cette famille, et appartenant aujourd'hui à la collection, déposée à l'Hôtel-Musée Merghelynck à Ypres, de manuscrits armoriés de Messire Arthur Merghelynck, écuyer, membre du Conseil Héraldique de Belgique, à Ypres et descendant des Baelde par les Wullems (Voir degré V nᵒ 8).

Certains membres et rameaux portèrent cependant d'autres armoiries.

Denis BAELDE, conseiller au Conseil de Flandre à Gand (Voir degré III nᵒ 9), brisait ses armes *de 3 merlettes de sable sur le chevron* (¹).

Le rameau, publié par J. Gaillard, portait : *d'hermines, à 2 bandes de gueules.* Cimier : *une tête et col de cheval bridé d'or entre un vol à l'antique de gueules.* Cri de guerre : *Loo, Loo* (²).

Enfin (Demoiselle Catherine de Buckere, décédée à Ypres, paroisse de Saint Martin, le 24 juin 1699), la veuve de Maître *Georges* BAELDE, (descendant de *Walrave* BAELDE voir degré V nᵒ 3), fit enregistrer, en 1697, dans l'armorial général de France, les armes suivantes : *d'azur, au chevron d'argent, chargé en pointe d'un rencontre de bélier et sur chaque branche de trois mouchetures d'hermines le tout de sable, accompagné de 3 fleurs de lis d'argent, deux en chef et une en pointe* (³).

Avant de terminer cet avant-propos, il nous reste à remplir un agréable devoir de reconnaissance envers Messire Arthur Merghelynck, écuyer, Membre du Conseil Héraldique de Belgique, ancien archiviste effectif à titre honorifique des villes d'Ypres et de Furnes, à Ypres, lequel a gracieusement mis à notre disposition les précieux renseignements du riche cabinet historique, archéologique et généalogique, que tous les travailleurs sérieux lui connaissent et à la formation duquel il a sacrifié les vingt-cinq plus belles années de sa vie. Qu'il reçoive ici à ce sujet l'hommage de notre profonde gratitude.

YPRES, Décembre 1905.

E. DE SAGHER.

---

(1) Inscriptions Funéraires de la Flandre Orientale. 3ᵉ Série, tome I, p. 143.

(2) J. Gaillard. Bruges et le Franc. Tome II, p. 136. — Inscriptions funéraires susdites. 3ᵐᵉ Série, page 123, et Tableau Généalogique Baelde, cité ci-dessus.

(3) Borel d'Hauterive : Armorial Général de France, par d'Hozier. Flandre, page 291, nᵒ 186.

Armes de la Famille BAELDE

BRANCHE HOLLANDAISE
XVIe Siècle.

BRANCHE GANTOISE
(noble) XVIe Siècle.

ARMES DE LA FAMILLE.

DENIS BAELDE
Conseiller au Conseil
de Flandre
† 1570.

ARMES ENREGISTRÉES en 1697
dans l'Armorial Général
de France sur requête de la
veuve de Georges Baelde.

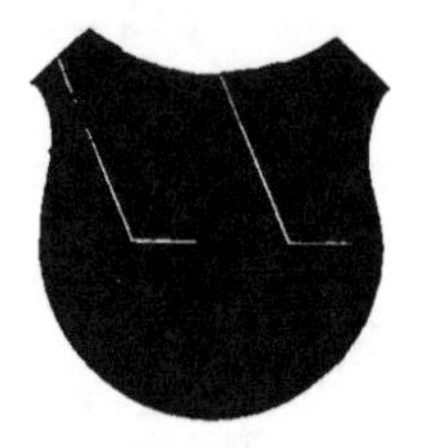

BRANCHE ALLEMANDE
XVIe Siècle.

BAELDE [1].

ARMES : *de sable, au chevron d'or, accompagné de*
trois fleurs de lis d'argent [2].

I.   *André* BAELDE [3], étranger à la bourgeoisie d'Ypres, naquit dans le dernier quart du XIVe siècle et resta usufruitier des biens délaissés par sa femme. Il épousa Catherine *Smets* [4], décédée peu avant le 8 janvier 1470 (nouveau style) [5]. Leur anniversaire se célébrait au XVIe siècle en l'église de Neuve-Église, annuellement le jour de la St-François en octobre [6]. De ce mariage naquirent entre autres [7] les enfants suivants :

     1. *Jacques* suit II.

     2. *Pierre* BAELDE, étranger à la bourgeoisie d'Ypres, mort sans postérité peu avant le 20 janvier 1476 [8], après avoir fondé, pour lui, sa femme et leurs parents, un anniversaire à célébrer tous les ans comme il est dit plus haut [9], s'était allié à Claire *Ente*, fille de Jacques et de Béatrice Damman dit Moenin.

---

(1) Descendance en ligne directe seulement, jusqu'au degré VI. Les nombreux rameaux se détachant des degrés II à VI ne sont indiqués que par leur auteur.

(2) „Généalogies des familles les plus notables de la province de Flandres, recueillies et rédigées par „M. Jean-Louis Joigny de Pamele, prêtre, chanoine du membre de Térouane en la Cathédrale d'Ypres, „mort le 21 novembre 1697". (Manuscrit appartenant en 1813 à Mr. le Comte Peellaert de Ghistelles, à Bruges) et Tableau Généalogique de la famille Baelde, dressé au XVIIe siècle, appartenant à Messire Arthur Merghelynck, écuyer, à Ypres.

(3) Le texte suivant, quoique fautif, ferait supposer qu'André Baelde fut fils de Georges : „ Up tsinte „Fransoisdach in octobre doet men 't jaerghetyde van Pieter Baelde, filius Andries, van Clare Ents, „zijne wijve ende van *Andries* BAELDE ende van *Jooris* BALDE ende *Keterijne* SMETS, vadere „ende moedere van den voorseide Pietere, ende Jacob Ente ende Beatryse Dammans ghezeit Moenins, „vader ende moedere van de voorseide Clare „. (Archives de l'église de Neuve-Église. Ordonnance pour la célébration des anniversaires fondés en la dite église et nomenclature de ceux-ci, rédigées le 22 janvier 1455 [n. st.] et renouvelées en février 1565 [n. st.], folio 23 verso).

(4) Archives Communales d'Ypres. Registres de la „Weezerie„. Reg. n° 13, anno 1469, f° 87^{v°}.

     N.B. Sauf indication contraire, toutes les collections invoquées reposent aux Archives Communales d'Ypres. Il sera donc inutile de désigner à chaque pas ce dépôt d'Archives.

(5) Ce terme devant se répéter trop souvent, nous le supprimons en faisant expressément observer que toutes les dates, données dans la présente notice, sont réduites en style moderne.

(6) Voir note (3) ci-dessus.

(7) *André* BAELDE étant étranger à la bourgeoisie d'Ypres, nous n'avons pas les éléments nécessaires pour assurer que nous donnons ici sa descendance complète. Nous croyons même pouvoir être sûr du contraire, étant donné que les enfants BAELDE-*Immeloot* (voir degré II) héritèrent d'un Jean, dernier descendant d'un *Chrétien* BAELDE, lequel pourrait ainsi être fils de BAELDE-*Smets* (Reg. de la „Weezerie". Reg. n° 16, a° 1482, f° 94).

(8) Reg. de la „Weezerie". Reg. n° 14, a° 1474, f° 97^{v°}.

(9) Voir note (3) ci-dessus.

— 2 —

3. *François* BAELDE, étranger à la bourgeoisie d'Ypres, trépassé sans descendance de sa femme Lammine *Hobbele* (¹), peu avant le 14 janvier 1508 (²), avait son anniversaire en la susdite église à célébrer annuellement le jour de la Ste Croix.

4. *Marie* BAELDE, devenue bourgeoise d'Ypres par mariage, mourut à Neuve-Eglise avant le 21 janvier 1469 (³), après avoir épousé en la dite paroisse, le 29 juin 1450 (⁴), François *Priem*, fils d'Henri, bourgeois d'Ypres, natif de Neuve-Eglise, lequel trépassa vers la même époque que sa femme, dont il eut postérité.

5. *Jeanne* BAELDE, bourgeoise d'Ypres par mariage, s'allia à Neuve-Eglise, le 22 juin 1455 (⁵), à Ghislain *de Hoorne*, fils de Jean, bourgeois d'Ypres, originaire de Neuve-Eglise. Ils fondèrent en la dite paroisse un anniversaire à célébrer annuellement le mardi de la semaine de Pâque (⁶) et eurent postérité.

6. *Georges* BAELDE, décédé sans postérité, avant le 14 janvier 1508 (⁷).

II. *Jacques* BAELDE, marguillier de l'église de Neuve-Eglise, notamment le 22 janvier 1455 (⁸), né en la paroisse de ce nom, fut admis bourgeois d'Ypres par achat le 5 janvier 1448 (⁹) et mourut peu avant le 17 avril 1477 (¹⁰), après avoir fondé, en l'église de sa paroisse, un anniversaire à y célébrer tous les ans le jour de Notre-Dame en septembre (¹¹). Il avait épousé Piérote *Immeloot* (¹²), *Emmeloot* ou *Ameloot* (¹³), fille de Chrétien (¹⁴), laquelle trépassa peu avant le 30 mars 1499 ou 1500 (¹⁵) et dont il laissa les descendants suivants :

1. *Marie* BAELDE, bourgeoise d'Ypres par mariage, décédée peu avant le 28

---

(1) „Up den heilighen Cruuscendach, doet men 't jaerghetide van *Fransois* BAELDE, filius Andries, ende „van Lammine *Hobbels*, haer vader ende moeder, ende heurleider kinderen". (Arch. Eglise Neuve-Eglise. Manuscrit susdit, f° 17vo).

(2) Reg. de la „Weezerie". Reg. n° 19, a° 1503, f° 53.

(3) Reg. de la „Weezerie". Reg. n° 12, a° 1468, f° 102.

(4) Reg. de la „Poorterie". Reg. n° 2, f° 29.

(5) Reg. de la „Poorterie". Reg. n° 2, f° 92vo.

(6) „Up den discendach in de Paeschedaghen, doet men 't jaerghetide van Ghelein *de Hoorne* ende van „*Jane* BELS, zyn wyf ende heurleider kinderen. Up den zelven dach doet men 't jaerghetide van „Ghelein *de Hoorne*, zynen zone ende van Jakemine *Thomaers*, zyn wyf ende heurleiden kinderen". (Arch. Eglise Neuve-Eglise. Même manuscrit, f° 16vo).

(7) Voir note (2) ci-dessus.

(8) Archives de l'église de Neuve-Eglise. Manuscrit susdit f° 6vo.

(9) Reg. de la „Poorterie". Reg. n° 1, f° 194.

(10) Reg. de la „Weezerie". Reg. n° 15, a° 1477, f° 65.

(11) „Up onser Vrauwendach in september, doet men 't jaerghetyde van *Jacob* BAELDE, filius Andries „ende van Pierote *Ymmeloots*, zijn wijf ende van *Jacob* BAELDE, filius Clais ende van Jane *'ts Raets* „ende Marie *Ents*, zijn twee wijfs ende van heurleider kinderen". (Arch. Eglise Neuve-Eglise. Même manuscrit f° 21vo et 22vo).

(12) IMMELOOT. Armes : *échiqueté d'or et d'azur*. (A. Merghelynck. Vade-mecum pratique et utile de connaissances historiques et Indicateur nobiliaire et patricien de la West-Flandre, etc. pages 20 et 439).

(13) Les mêmes variantes se rencontrent dans les premiers actes de la famille noble *Immeloot*, originaire de Neuve-Eglise, et remontant à la même époque que la famille Baelde.

(14) Crayons et fardes généalogiques. Farde Baelde.

(15) „Quytscheldinghe". Extraits de Haerne. Manuscrit du XVIIIe siècle renfermant de nombreux extraits de registres disparus dans la tourmente révolutionnaire, f° 5vo.

janvier 1497 (¹), s'allia: primo, avant 1472 (²), à François *de Corte* (³), secondo
à Michel *van Haerlebeke,* fils de Chrétien, mort avant le 13 février 1489 (⁴) et
tertio, sans postérité, à Jean *Bentin* (⁵).

2. *Nicolas* BAELDE, étranger à la bourgeoisie d'Ypres, étant né avant l'admission
de son père à la dite bourgeoisie, trépassé avant le 12 septembre 1498 (⁶), avait
épousé, avant 1466, Péronne *Lonis* (⁷), dont il eut :

A *Jacques* BAELDE, étranger à la bourgeoisie d'Ypres, né en 1466, décédé vers
1524 (⁸), marié en premières noces à Jeanne *De Raedt* et en secondes à
Marie *Ente* (⁹).

B *Jean* BAELDE, étranger à la bourgeoisie d'Ypres, époux en 1497 de Jeanne
Heyms.

C *Pierre* BAELDE, natif de Neuve-Eglise, bourgeois d'Ypres par mariage, mourut
à l'âge de 23 ans le 28 septembre 1492 (¹⁰). Il épousa à Ypres en l'église
de St Pierre, vers la St Jean 14. .(¹¹), Jeanne *Keilliau,* fille d'Henri Keilliau,
nommé Echevin de la ville d'Ypres, les 8 février 1498 et 1499 (¹²) et de
Marguerite de Hoorne (¹³).   De ce mariage naquirent :

a. *Pierre* BAELDE abdiqua la bourgeoisie d'Ypres le 31 juillet 1518 (¹⁴).

b. *Marie* BAELDE se démit de la dite civilité le 31 janvier 1512 (¹⁵).

D *Marie* BAELDE, étrangère à la bourgeoisie d'Ypres, née en 1472, trépassée
le 20 juin 1526 (¹⁶), femme de Pierre *de Raedt.*

3. *Péronne* BAELDE, bourgeoise d'Ypres, décédée avant le 17 décembre 1483 (¹⁷),
s'était alliée, avant 1470 (¹⁸), à Jean *de Corte* (¹⁹), fils de Jean, nommé Echevin
de la ville d'Ypres les 8 février 1485, 1487, 1489 et 1493, Conseiller de la

(1) Reg. de la „Weezerie". Reg. n° 18, a° 1495, f° 39ᵛᵒ et Reg. n° 19, a° 1498, f° 46.
(2) Sommier des rentes à charge de la ville, renouvelé en mars 1473, f° 55.
(3) DE CORTE. Armes : *d'azur, à la fasce d'argent, chargée d'un lion naissant de gueules et accompagnée de 3 étoiles à 5 rais d'or, 2 en chef et 1 en pointe.* (Archives Arthur Merghelynck. Rouleau
Généalogique Baelde).
(4) Reg. de la „Weezerie". Reg. n° 17, a° 1488, f° 62ᵛᵒ.
(5) Reg. de la „Weezerie". Reg. n° 18, a° 1493, f° 48.
(6) Reg. de la „Weezerie". Reg. n° 19, a° 1497, f° 27.
(7) Sommier des rentes à charge de la ville, renouvelé en mars 1473, f° 50 et 53.
(8) Comptes des rentes à charge de la ville 1523—1524.
(9) Voir page 2, note (11).
(10) Reg. de la „Weezerie". Reg. n° 18, a° 1493, f° 62 et Reg. n° 19, a° 1498, f° 60ᵛᵒ et 61, et Reg. de
la „Quytscheldinghe". Reg. n° 3, a° 1507—1508, f° 59ᵛᵒ.
(11) Reg. de la „Poorterie". Reg. n° 4, f° 55ᵛᵒ.
(12) Reg. au Renouvellement du Magistrat. Reg. 1490—1510. Années indiquées.
    N.B. Les extraits de cette collection étant très-nombreux, surtout pour les premiers degrés de ce
crayon généalogique, nous ne les justifierons plus en note. Il suffira de dire que ces renseignements
sont tous tirés des Registres aux renouvellements complets du Magistrat de la ville d'Ypres et de ses
collèges subalternes 1475—1792, registres non foliés, aux dates indiquées. (Voir E. De Sagher. Notice
sur les Archives Communales d'Ypres et Documents pour servir à l'histoire de Flandre du XIIIᵉ au
XVIᵉ siècle, suivis d'un aperçu sommaire des diverses collections composant les dites archives, page 278).
(13) Reg. de la „Weezerie". Reg. n° 18, a° 1491, f° 62ᵛᵒ.
(14) et (15) Reg. de la „Poorterie". Reg. n° 5, f° 239 et 61.
(16) Comptes des rentes à charge de la ville. Compte de l'an 1526, f° 11ᵛᵒ.
(17) Reg. de la „Weezerie". Reg. n° 17, a° 1489, f° 23.
(18) Sommier des rentes à charge de la ville, renouvelé en mars 1473, f° 48ᵛᵒ.
(19) DE CORTE. Armes: Voir note (3) ci-dessus.

Chambre les 23 février 1486, 2 mars 1488, 15 janvier 1490, et 8 février 1492 et 1494 et Conseiller des 27 le 8 février 1502.

4. *Pierre* BAELDE, bourgeois d'Ypres par naissance, mineur d'âge au décès de son père, épousa Marie *Thibault* (¹) et donna, en suite de cet acte, décharge de tutelle le 17 janvier 1483. Devenu veuf, il se remaria à Catherine *Rubrecht* (²) et en laissa postérité.

5. *Walrave* suit III.

6. *Ghislain* BAELDE, bourgeois d'Ypres par naissance, mineur d'ans au décès de son père, émancipé le 17 janvier 1483, décéda peu avant le 14 octobre 1529(³), après s'être marié à Ypres, en l'église de St Martin, en août 1484 (⁴), à Demoiselle Marie *Tasseel* (⁵), fille de Pierre, trépassée avant le 17 avril 1532 (⁶), dont il eut postérité (⁷).

7. *Claire* BAELDE, décédée bourgeoise d'Ypres avant le 26 mai 1515 (⁸), avait épousé à Ypres, en l'église de Saint Pierre, en novembre 1482 (⁹), Roland *Keilliau*, drapier, notamment le 2 mars 1488, fils d'Henri, natif de Neuve-Eglise, nommé Conseiller des 27 de la ville d'Ypres les 8 février 1497 et 1498, et Echevin le 8 février 1506, lequel trépassa avant le 19 septembre 1514 (¹⁰).

8. *Catherine* BAELDE, bourgeoise d'Ypres, morte avant le 24 janvier 1490 (¹¹), s'était mariée, avant le 17 janvier 1483, à Lotard *van Boulogne*, bourgeois d'Ypres, boulanger, nommé membre du collège préposé à la vérification du marché aux grains de la ville d'Ypres en 1475, et les 8 février 1481, 1482, 1485 etc., fils de Pierre (¹²), veuf en premières noces d'Omarine *de Bert*, décédé, époux sans enfants de Guillebine *'s Vincx*, avant le 8 mai 1509 (¹³).

9. *Christine* BAELDE, bourgeoise d'Ypres „huer leve lanc besteid met *Pieter* „BAELDE, hueren broedere", par acte du 15 octobre 1494 (¹¹).

III. *Walrave* BAELDE, drapier, natif de Neuve-Eglise, mineur d'âge au décès de son père, bourgeois d'Ypres par naissance, abdiqua cette bourgeoisie en 1479 (¹⁵) et la réacquit par son second mariage en 1485. Il fut nommé membre du collège des plombeurs des tissus fabriqués à Ypres les 2 mars

---

(1) THIBAULT. Armes: *d'argent, à la fasce d'azur, chargée d'une couronne d'or.* (Généalogie Baelde précitée).

(2) Crayon généalogique dressé pour servir à la liquidation de la succession de Laurent Poot, anno 1788.

(3) Reg. de la „Quytscheldinghe". Reg. n° 15, a° 1529, f° 86ᵛᵒ.

(4) Reg. de la „Poorterie". Reg. n° 4, f° 66.

(5) TASSEEL. Armes: *d'argent, à la fasce fuselée de 5 losanges de gueules, accompagnée de 3 trompes de sable, 2 en chef et 1 en pointe.* (Manuscrit Hellin. — Généalogie Baelde. — Bibliothèque Royale à Bruxelles).

(6) Reg. de la „Quytscheldinghe". Reg. n° 17, a° 1531—1532, f° 131ᵛᵒ.

(7) Voir: J. Gaillard. Bruges et le Franc. Tome II, page 136. — Inutile de faire remarquer que la présente notice rectifie et complète les premiers degrés donnés par cet auteur. Nous croyons devoir ajouter qu'il y aurait lieu de rectifier et de compléter également le reste de la dite généalogie.

(8) Reg. de la „Quytscheldinghe". Reg. n° 8, a° 1515, f° 3.

(9) Reg. de la „Poorterie". Reg. n° 4, f° 41ᵛᵒ.

(10) Reg. de la „Quytscheldinghe". Reg. n° 8, a° 1514, f° 47ᵛᵒ.

(11) Reg. de la „Weezerie". Reg. n° 18, a° 1490, fo 77.

(12) Reg. de la „Weezerie". Reg. n° 16, a° 1481, f° 67. Reg. n° 17, a° 1489, f° 6ᵛᵒ, et Reg. n° 19, a° 1497, f° 52.

(13) Reg. de la „Quytscheldinghe". Reg. n° 5, a° 1509, f° 2ᵛᵒ.

(14) Reg. de la „Weezerie". Reg. n° 18, a° 1494, f° 23ᵛᵒ.

(15) Arch. Générales du Royaume à Bruxelles. Comptes de la ville d'Ypres. Année 1479. Rubrique: Issues.

1488 et 1 février 1490, de celui des vérificateurs de la laine, le 8 février 1507, Gouverneur de la draperie le 8 février 1510, Echevin de la ville les 8 février 1491, 1494, 1496, 1503, et 1514, Membre du conseil des 27 du Magistrat les 8 février 1497 au 8 février 1502 inclusivement, 8 février 1504, 1505, 1506, 6 avril 1516, 18 avril 1518 au 5 mai 1522 inclusivement et Membre du Collège des Bourgeois Notables les 8 février 1507, 28 avril 1508, 10 avril 1524, 15 avril 1526 et 28 avril 1528. Il mourut avant le 1 juin 1538 [1], après avoir épousé en premières noces Jacquemine *van Eecken*, étrangère à la civilité d'Ypres et en secondes noces, à Ypres, en l'église de St Pierre, en octobre 1485 [2], Demoiselle Catherine *Minne* [3], bourgeoise d'Ypres, fille de Pierre et de Barbe 's Cnocx [4]. Walrave Baelde fut père des enfants suivants :

Du 1ier lit :

1. *Péronne* BAELDE, née à Ypres en 1482 [5], étrangère à la bourgeoisie d'Ypres, acquit cette civilité par mariage et décéda vers novembre 1550 [6]. Elle épousa à Ypres, en l'église de St Pierre, le 4 juillet 1501 [7], Josse *Mortier* [8], drapier, nommé membre du collège des plombeurs de draps „in de groote perse" les 8 février 1496, 1498, 1503, 1504, 1506, 1508, 28 avril 1509, 8 février 1511, Conseiller des 27 du magistrat de la ville les 8 février 1502, 1506, 1508, 28 avril 1509 et 8 février 1511, Echevin les 8 février 1505 et 1507. Celui-ci mourut avant le 6 août 1512 [9], et était veuf en premières noces d'Antoinette *Camphin* [10], et fils de Maître Bartholomé Mortier et de Jeanne Wevele [11]. Devenue veuve, Péronne Baelde convola avec Corneille *Zwanckaert* [12], tanneur, né en 1459, nommé vérificateur des cuirs les 8 février 1494 et 1497, créé membre du collège des Bourgeois Notables le 19 avril 1523, Conseiller des 27 les 10 avril 1524 et 30 avril 1525, lequel trépassa le 9 octobre 1539 [13], veuf en premières noces de Jossine Frutier [14] et fils naturel de François Zwanckaert, membre du collège des Bourgeois Notables les 8 février 1479 au 8 février 1492 inclus, et de Péronne Lotins [15].

---

(1) Farde Généalogique de la famille Baelde formée au XVIIIᵉ siècle pour étayer un procès en revendication d'héritage.

(2) Reg. de la „Poorterie". Reg. n° 4, f° 43ᵛ°.

(3) MINNE. Armes : *de gueules, à la sirène d'argent.* (Rouleau Généalogique Baelde).

(4) Reg. de la „Weezerie". Reg. n° 15, a° 1479, f° 97ᵛ° et Reg. n° 16. année 1484, f° 34ᵛ°.

(5) Sommier des rentes à charge de la ville, renouvelé en 1519 f° 75ᵛ°.

(6) Comptes des rentes à charge de la ville. Compte de l'an 1551, f° 13ᵛ°.

(7) Reg. de la „Poorterie". Reg. n° 4, f° 146ᵛ°.

(8) MORTIER. Armes : *de . . . . , au chevron de . . . . , accompagné en pointe d'un globe terrestre surmonté d'une croix de . . . . . .* (Archives des Hospices civils à Ypres. Hospice Belle. Document du 16 mars 1506. Sceau de Josse Mortier susdit).

(9) Farde Généalogique Baelde et Reg. de la „Weezerie". Reg. n° 21. a° 1511, f° 93.

(10) Reg. de la „Weezerie". Reg. n° 19, a° 1500, f° 47ᵛ°.

(11) Reg. de la „Weezerie". Reg. n° 18, a° 1492, f° 61ᵛ°.

(12) ZWANCKAERT. Armes : *d'or, à 3 trois lionceaux de sable.* (Bibliothèque Royale de Bruxelles. Manuscrits Hellin. — Généalogie Baelde).

(13) Reg. de la „Weezerie. Reg. n° 27, a° 1539, f° 42 et Comptes des rentes à charge de la ville, a° 1539.

(14) Reg. de la „Weezerie". Reg. n° 19, a° 1502, f°60 et Registre de la „Quytscheldinghe". Reg. n° 1, a° 1503, f°12ᵛ°.

(15) Sommier des rentes à charge de la ville, 1473, f° 8 et 18.

2. *Jacques* suit IV.

    Du 2me lit :

3. *Jossine* BAELDE, bourgeoise d'Ypres par naissance ([1]), née en 1486 ([2]), encore en vie en 1538, épousa à Ypres, en l'église de Saint Pierre, le 3 février 1504 ([3]), Denis *van Schoonvelde* ([4]), seigneur de Gheluwebrouck, natif de Gheluwe, fils de Robert, bourgeois d'Ypres par mariage, nommé membre du collège des Bourgeois Notables de la ville d'Ypres, le 5 mai 1527, lequel décéda peu avant le 9 mai 1530 ([5]), laissant les trois enfants suivants :

  A *Josse* VAN SCHOONVELDE, seigneur de la Potterie, Straeten, etc., décédé sans postérité, le dernier de sa lignée, en sa maison „ter Potterie" le 16 avril 1571 ([6]).

  B *Richard*, entré dans les ordres au couvent de St Antoine lez-Bailleul, en sortit, devint Conseiller des 27 de la ville d'Ypres le 5 juin 1542 et mourut sans descendance en 1567.

  C Demoiselle *Catherine* VAN SCHOONVELDE mourut bourgeoise d'Ypres à Olsene en août 1561 ([7]). Elle s'allia primo, avec contrat passé devant le Magistrat d'Ypres le 7 janvier 1535([8]), à Antoine *van der Douve* ou *de la Douve* ([9]) écuyer, seigneur de Rabecke, Bacx, Gavrelez, Tanquestes, etc., dont elle ne conserva pas d'enfants; secondo, au château de Gheluwebrouck, à Gheluwe, le 22 avril 1548 ([10]), à Georges *Lanchals* ([11]), écuyer, seigneur d'Olsene, fils de Pierre, écuyer, dont elle eut :

    a. *Pierre* LANCHALS, écuyer, seigneur de la Potterie, mineur d'âge en 1575.

4. *Ghislain* BAELDE fut nommé membre du collège des Bourgeois Notables de la ville d'Ypres les 19 avril 1523, 4 juin 1552, 3 juin 1564; conseiller de la chambre les 3 juin 1546, 4 juin 1548, 2 juin 1549, 1 juin 1551, 6 juin 1554, 8 juin 1556, 15 juin 1557 et 3 juin 1560 au 6 juin 1563 inclusivement; Conseiller des 27 le 1 juin 1547, et Echevin les 4 juin 1555 et 5 juin 1559. En cette qualité il fit partie de la députation du Magistrat d'Ypres désignée, le le 12 octobre 1555, pour assister à Bruxelles à la renonciation solennelle de ses états de par deça que l'Empereur avait l'intention de faire en faveur de son fils le roi d'Angleterre, reconnaître le nouveau souverain et faire à cet effet

---

(1) Tous les membres de cette famille ayant acquis définitivement la bourgeoisie d'Ypres, nous ne mentionnerons plus dans la suite cette appellation.

(2) Sommier des rentes 1519, f° 75'".

(3) Reg. de la „Poorterie". Reg. n° 4, f° 228'°.

(4) VAN SCHOONVELDE. Armes : *de gueules, à six coquilles d'or*, aliter *d'argent, à 6 coquilles de gueules*. (Ex Chanoine de Joigny de Pamele).

(5) Reg. de la „Weezerie". Reg. n° 24, a° 1530, f° 13.

(6) Reg. de la „Weezerie". Reg. n° 45, a° 1572, f° 48–72.

(7) Reg. de la „Weezerie". Reg. n° 40, a° 1562, f° 77'" et comptes des rentes à charge de la ville. Compte a° 1561, f° 7.

(8) Reg. de la „Weezerie". Reg. n° 24, a° 1530, f° 13 et Reg. de la „Quytscheldinghe". Reg. n° 19, a° 1533–1535, f° 265 et 275'°.

(9) DE LA DOUVE. Armes : *d'or, à quatre chevrons de sable*.

(10) Reg. de la „Poorterie". Reg. n° 7, f° 344.

(11) LANCHALS. Armes : *de gueules, coupé sur une rivière d'argent ombrée d'azur, sur laquelle nage un cygne d'argent, le col et la tête sur le gueules*. (Nobiliaire des Pays-Bas et du Comté de Bourgogne par le Baron de Herckenrode, t. III, p. 1176).

toutes les choses requises et nécessaires (¹). Il décéda à Ypres, dans sa maison dite, „Gouden Cop", sise au côté sud de la Grand'place, le 9 mai 1567 (²). Il avait épousé en premières noces, avec contrat du 27 juin 1516 (³), Guillemine *Zwanckaert*, fille de Corneille et de sa première femme Jossine Frutier (⁴) et en secondes noces Demoiselle Marie *van der Camere* (⁵), décédée avant son mari, fille de Guillaume van der Camere, alternativement conseiller des 27 et Echevin de la ville d'Ypres du 18 avril 1518 au 3 juin 1553 inclus et de Demoiselle Marie Vanins (⁶). Ghislain Baelde eut postérité de son dernier mariage (⁷).

5. *Marguerite* BAELDE, trépassée vers 1568 (⁸), s'était alliée à Jacques *de Corte* (⁹), drapier, membre du collège des plombeurs ou scelleurs des draps bleus le 1 février 1516; conseiller des 27 les 25 février 1518, 5 mai 1522 et 10 avril 1524; membre du collège des Bourgeois Notables les 9 mai 1519, 15 avril 1526 et 5 mai 1527; conseiller de la chambre le 22 avril 1520; Echevin les 14 avril 1521 et 19 avril 1523. Il décéda avant le 25 octobre 1530 (¹⁰).

6. „Damp" *Baudouin* BAELDE, né en 1498 (¹¹), se fit religieux et mourut entre 1549 et 1551 (¹²).

7. *Jeanne* BAELDE, née en 1500 (¹³), se maria à François *Ryckewaert* (¹⁴), fils de Servais, créé membre du collège des Bourgeois Notables de la ville d'Ypres le 18 avril 1518; conseiller des 27 les 9 mai 1519 au 19 avril 1523 inclus, 30 avril 1525 au 5 mai 1527 compris et 5 juin 1542; enfin Echevin le 10 avril 1524. Celui-ci mourut peu avant le 30 mai 1544 (¹⁵).

8. *Melchior* BAELDE épousa à Anvers en l'église de Notre-Dame, le 14 septembre 1541 (¹⁶), Cécile *de Veselaere*.

8. Maître *Denis* BAELDE, né en 1504, bourgeois d'Ypres, avocat au conseil de Flandre à Gand, fut admis comme deuxième avocat à la pension de la ville d'Ypres près du dit conseil, le 12 août 1532 (¹⁷). Devenu ensuite conseiller ordinaire au dit conseil, il mourut sans postérité à Gand, le 28 juillet 1570 (¹⁸),

---

(1) I. L. A. Diegerick. Inventaire Analytique et Chronologique des chartes et documents appartenant aux Archives de la ville d'Ypres. Bruges 1864. Tome VI, page 83.
(2) Collection des Etats de biens etc., nomine Baelde, a° 1567.
(3) Reg. de la „Quytscheldinghe". Reg. n° 8, a° 1516, f° 24.
(4) Voir ci-devant page 5, notes (12) et (14).
(5) VAN DER CAMERE. Armes: *de gueules, au chevron d'or, accompagné en chef de deux étoiles à 6 rais. et en pointe d'un croissant remontant, le tout d'or.*
(6) Reg. de la „Quytscheldinghe". Reg. n° 24ᴬ, a° 1556, f° 28ᵛᵒ.
(7) J. Gaillard. Bruges et le Franc etc. Bruges 1858. Tome II, page 136.
(8) Comptes des rentes à charge de la ville 1567—1568.
(9) DE CORTE. Armes: Voir ci-devant page 3, note (3).
(10) Reg. de la „Quytscheldinghe". Reg. n° 16, f° 58.
(11) Sommier des rentes à charge de la ville d'Ypres. a° 1519, f° 59ᵛᵒ.
(12) Comptes des rentes à charge de la ville d'Ypres. Compte a° 1549, f° 10ᵛᵒ et compte 1551, f° 10ᵛᵒ.
(13) Sommier des rentes susdit, a° 1519, f° 43.
(14) RYCKEWAERT. Armes: *d'or, au chevron de sable, accompagné de trois trefles du même, 2 en chef et 1 en pointe*, (Rouleau Généalogique Baelde et manuscrits de Joigny de Pamele).
(15) Reg. de la „Weezerie". Reg. n° 31, a° 1543, f° 94 et Reg. de la „Quytscheldinghe". Reg. n° 21, a° 1547, f° 15ᵛᵒ.
(16) Reg. de la „Poorterie". Reg. n° 7, f° 111ᵛᵒ.
(17) Reg. au renouvellement du magistrat, à cette date.
(18) Reg. de la „Weezerie". Reg. n° 40, a° 1562, f° 77ᵛᵒ et „Quytscheldinghe". Registre disparu du 1 août au 22 octobre 1573. Extrait farde généalogique Baelde.

et y fut inhumé en l'église de St Etienne, sous „une pierre bleue, sur laquelle „étaient taillés en demi-relief un homme en fraise et en robe et une femme „richement vêtue", ainsi que les armes du défunt et de ses deux femmes et autour du bord de laquelle on lisait (1) :

SEPULTURE VAN MEESTER DENYS BALDE, Fᴿ WALRAVE,

RAET ORDINARIS ONZES GHEDUCHTEN HEEREN IN DE CAMERE VAN VLAENDEREN,

OBIIT 28 JULY 1570,

ENDE JONCKVR. ANNA THIBAULTS, Fᴬ FRANÇOIS,

ZYN TWEEDE WYF WAS, DIE OVERLEET DEN 10 JULY 1553.

ENDE VAN JONCKVRAU MARIA LONIS, Fᴬ ADRIAENS,

SCHEPENE VAN DEN LANDE VAN DEN VRYEN, DENYS EERSTE WYF (2).

Il avait épousé, d'abord à Gand, en la demeure du Président du Conseil de Flandre le 30 juillet 1538 (3), Demoiselle Anne *Thibault* (4), fille de François, veuve de maître Josse Hauweel, laquelle trépassa le 10 juillet 1553; ensuite à Eecke, le 18 septembre 1553 (5), Demoiselle Marie *Lonis* (6), fille d'Adrien, Echevin du Franc de Bruges.

10. Demoiselle *Claire* BAELDE, supérieure de l'hospice de St Nicolas, dit Hospice Belle à Ypres, décéda le 7 novembre 1558, après y avoir fondé à perpétuité une messe, un salut et une lumière devant le Saint Sacrement. Elle fut inhumée au côté sud de la chapelle du dit hospice sous une pierre portant l'inscription suivante (7) :

HIER VOREN

LICHT BEGRAEVEN

JONKVRAUWE CLAERE BAELDES,

Fᴬ HER WALLERAND,

UPPERJONKVRAUWE VAN DEZEN GODSHUYZE

ENDE FUNDATERSSE

VAN DER MESSE ENDE LOVE METTEN LICHTE

VAN DEN HELEGHEN SACRAMENT,

DIE OVERLEET DEN VII DACH VAN

NOVEMBER ANNO XVᶜ ENDE LVIII.

BID OVER DE ZIELE.

---

(1) Inscriptions funéraires et monumentales de la province de la Flandre Orientale. Deuxième série. Eglises conventuelles. Gand. — Tome I, p. 143, n° 20.

(2) Il est à remarquer que cette inscription doit être fautive, les documents authentiques établissant que pour les alliances c'est précisément l'inverse qui eut lieu.

(3) Reg. de la „Poorterie". Reg. n° 6, f° 323.

(4) THIBAULT. Armes: *d'azur, au chevron d'argent, accompagné de trois étoiles à 6 rais d'or, 2 en chef, 1 en pointe, au chef cousu d'azur.*

(5) Reg. de la „Poorterie". Reg. n° 8, f° 259ᵛᵒ et Compte de la ville, 1554, fᵛ 7ᵛᵒ.

(6) LONIS. Armes: *d'or, à la fasce d'azur, accompagnée en chef de deux roses de gueules et en pointe d'une étoile à 6 rais du même.*

(7) Bibliothèque Publique d'Ypres. Section des manuscrits. Epitaphier d'Ypres par J. J. Lambin 1798—1799. Tome II n° 941.

IV *Jacques* BAELDE, étranger à la bourgeoisie d'Ypres, puis bourgeois par
mariage, naquit à Ypres en 1484 et décéda le 22 mai 1515 [1]. Il épousa
à Ypres en l'église de St Martin, le 22 avril 1505 [2], Marie *Thibault*,
laquelle trépassa peu avant le 17 février 1524 [3], après s'être remariée à
Guillaume *de Brune* [4], nommé conseiller des 27 de la ville d'Ypres les
10 avril 1524, 30 avril 1525 et 15 avril 1526. Elle était fille de François
Thibault, conseiller des 27 de la ville d'Ypres du 8 février 1514 au
6 avril 1516 inclusivement et de Marie de Vroede [5]. Jacques Baelde
eut de sa dite femme les enfants suivants:

1. *Marie* BAELDE épousa, avec contrat du 19 novembre 1530 [6], Hellin *Bombaere*
ou *Bommaere* [7], fils de Robert, créé conseiller des 27 les 1 juin 1547 et 3 juin
1564; membre du collège des Bourgeois Notables le 4 juin 1555; conseiller de
la Chambre les 5 juin 1559, 3 juin 1561 et 2 juin 1562; Echevin les 6 juin
1563 et 3 juin 1565. Celui-ci mourut peu avant le 9 mars 1568 [8], délaissant
entre autres descendants:

A *Nicolas-Hellin* BOMMAERE, membre du collège des Bourgeois Notables les
6 juin 1567 et 7 juin 1570; conseiller des 27 le 4 juin 1568 et 9 juin 1577;
Echevin les 10 juin 1569, 25 août 1574 et 11 juin 1576; conseiller de la
Chambre les 7 juin 1571, 14 juin 1572, 20 juin 1575 et 7 avril 1578. Il
décéda bourgeois d'Ypres, le 24 décembre 1581 [9], après s'être marié, avec
contrat du 16 septembre 1567 [10], à Demoiselle Anne *Navigheer* [11], trépassée
peu avant le 28 septembre 1595 [12], fille de Gilles et de Marie Tayspil [13]. De
ce mariage naquit:

a. *Pierre* BOMMAERE, écuyer, conseiller des 27 le 15 mai 1601; membre
du collège des Bourgeois Notables les 2 juin 1603 et 28 mai 1604; Chef
homme des Foulons et de la Sayetterie le 7 mai 1602, fut baptisé en l'église
de St Martin à Ypres, le 7 avril 1576 [14] et s'y maria, le 31 janvier 1602,

---

(1) Reg. de la „Quytscheldinghe". Reg. n° 8, a° 1516, f° 32 ʳ°, et comptes des rentes à charge de la ville,
a° 1515, f° 10.
(2) Reg. de la „Poorterie". Reg. n° 4, f° 251 ʳ°.
(3) Reg. de la „Quytscheldinghe". Reg. n° 11², f° 108.
(4) DE BRUNE. Armes: *d'argent, à trois têtes de maures au naturel, à la bordure engrêlée de gueules.*
(Manuscrits de Joigny de Pamele).
(5) Farde généalogique Baelde.
(6) Reg. de la „Quytscheldinghe". Reg. n° 16, f° 67.
(7) BOMMAERE. Armes: *d'argent, au chevron de sable, accompagné de trois fers de moulin du même.*
(A. Merghelynck. Vade-mecum &ᵃ p. 434).
(8) Reg. de la „Quytscheldinghe". Reg. n° 27, f° 194 ʳ°.
(9) Reg. de la „Weezerie". Reg. n° 49, a° 1581, f° 153 ʳ° et collection des Etats de biens, nomine Bommaere, a° 1588.
(10) Reg. de la „Notarie". Reg. n° 9, a° 1566—1567, page 130.
(11) NAVIGHEER. Armes: *Echiqueté d'or et de sable de cinq tires, à la fasce d'azur, chargée d'un léopard
d'or, au chef d'or, chargé de trois tarières* (en flamand avegheer) *de sable.* (Ex rouleau généalogique Baelde).
(12) Reg. de la „Quytscheldinghe". Reg. n° 39², f° 186.
(13) Reg. de la „Quytscheldinghe". Reg. n° 27, a° 1568, f° 333 ʳ°.
(14) Les registres paroissiaux de la ville d'Ypres étant munis de bonnes tables, nous ne donnerons pas les
pages des registres où sont inscrits les actes de baptêmes, mariages et sépultures que nous invoquons,
ceux-ci étant dans la suite par trop nombreux.

à Dame Louise *van Zuutpeene* (¹), fille de Messire Liévin, Vicomte de Zuutpeene et de Demoiselle Adrienne Uutenhove (²). Il eut de ce mariage :

    aa. Demoiselle *Elisabeth* BOMMAERE, Dame de Kemmel, baptisée à Ypres en l'église de St Martin, le premier février 1603, décédée, la dernière de sa famille, le 31 janvier 1685 (³).

2. *François* BAELDE s'étant marié donna décharge de gestion à ses tuteurs le 10 Février 1531 (⁴). Il fit partie de différents collèges préposés à la vérification des draps bleus le 9 juin 1550 et 1 juin 1551 et mourut peu avant le 30 octobre 1560 (⁵). Il avait épousé Catherine *de Storem* (⁶), fille de François, successivement et alternativement Echevin, membre du collège des Bourgeois Notables, conseiller des 27 et conseiller de la chambre du 8 février 1508 au 5 mai 1527 et de sa seconde femme, Antonine *Deurnaghel* (⁷). François Baelde laissa postérité de sa dite épouse.

3. *Nicolas* suit V.

V.   *Nicolas* BAELDE, drapier, membre du collège des scelleurs des draps bleus, les 5 juin 1545, 1 juin 1547, 4 juin 1548 et 9 juin 1550; de celui de la haute presse les 1 juin 1551, 4 juin 1552, 5 juin 1553 et 6 juin 1554, „berecker" de la draperie les 3 juin 1555 et 3 juin 1557, fut conseiller des 27, les 3 juin 1565, 10 juin 1569, 14 juin 1572, 25 août 1574 et 9 juin 1577; membre du collège des Bourgeois Notables, les 4 juin 1568, 20 juin 1575 et 14 juin 1579; conseiller de la chambre, les 7 juin 1570 et 7 juin 1571; enfin Echevin le 7 avril 1578. Il avait donné décharge à ses tuteurs le 7 janvier 1539 (⁸) et mourut peu avant le 29 septembre 1580 (⁹), après s'être marié quatre fois. Il épousa en premières noces, avec contrat du 21 août 1538 (¹⁰), Catherine *van der Meulene* (¹¹), morte sans postérité avant le 10 novembre 1539 (¹²), fille de Laurent van der Meulene, successivement Echevin, conseiller des 27, conseiller de la chambre et membre du collège des Bourgeois Notables, du 11 avril 1529 au 4 juin 1555 et de Marie de Schildere (¹³); en deuxièmes

---

(1) VAN ZUUTPEENE. Armes : *d'azur, à la fasce d'or, chargée de 3 annelets de gueules, accompagnée de 6 billettes d'or, 3 en chef et 3 en pointe, rangées en fasce.* (Rouleau Baelde).

(2) Reg. de la „Vooghdie". Reg. n° 2, f° 247 et Reg. de la „Quytscheldinghe". Reg. n° 39², a° 1594, f° 95ᵛ°.

(3) Reg. de la „Quytscheldinghe". Reg. n° 112, aˢ 1685—1686, fˢ 256ᵛ° à 279.

(4) Reg. de la „Quytscheldinghe". Reg. n° 16, aˢ 1530—1531, f° 99ᵛ° et Reg. de la „Weezerie". Reg. n° 24, a° 1529, f° 62ᵛ°.

(5) Reg. de la „Quytscheldinghe". Reg. n° 25², f° 90.

(6) DE STOREM. Armes : *d'or, au chevron de gueules, accompagné de trois merlettes de sable, 2 en chef et 1 en pointe.* (ex Rouleau Baelde).

(7) Reg. de la „Weezerie". Reg. n° 24, a° 1529, f° 58 et Reg. n° 25, a° 1535, f° 7ᵛ°.

(8) Reg. de la „Weezerie". Reg. n° 24, a° 1529, f° 62ᵛ°.

(9) Reg. de la „Weezerie". Reg. n° 48, a° 1579, f° 90 et farde généalogique Baelde.

(10) Reg. de la „Quytscheldinghe". Reg. 2 juin 1537—28 avril 1541. (ex farde susdite).

(11) VAN DER MEULENE. Armes : *de gueules, à 6 coquilles d'argent.* (Manuscrits de Joigny de Pamele).

(12) Reg. de la „Weezerie". Reg. n° 29, a° 1541, f° 10.

(13) Reg. de la „Weezerie". Reg. n° 27, a° 1538, f° 58.

noces, Marie *Rabau* [1], trépassée peu avant le 10 janvier 1560 [2], fille de Clément Rabau, conseiller des 27 les 2 juin 1541 et 3 juin 1564 et de Catherine van der Beke [3]; en troisièmes noces, avec contrat du 17 mars 1562 [4], Demoiselle Hélène *Nimmegheer*, fille de Denis, décédée vers le 3 juillet 1568 [5], enfin, en quatrièmes noces, avec contrat du 15 novembre 1575 [6], Demoiselle Antoinette *Bubbe*, veuve de Guillaume Priem, dont il n'eut pas de postérité. Nicolas Baelde eut de ses deuxième et troisième femmes les enfants qui suivent :

Du 2me Lit :

1. *Jacques* BAELDE, mort sans descendants le 14 août 1567 [7].
2. *Jean* BAELDE, marchand de laines, à diverses reprises Echevin et membre des différents collèges du Magistrat d'Ypres du 13 juin 1585 au 28 mai 1616 inclusivement, décéda dans sa maison, sise au côté nord de la rue au Beurre, le 28 octobre 1617 [8], après avoir épousé, avant 1580 [9], Demoiselle Marie *van Yze* [10], fille de Jacques, morte en la dite maison le 4 février 1628 [11]. Ces époux, qui laissèrent postérité, furent inhumés en l'église de St Martin, sous une dalle bleue, portant l'inscription suivante [12] :

D. O. M.

SEPULTURE VAN

D'HEER JAN BAELDE, Fs D'HEER NICOLAIS,

DIE OVERLEET DEN 28ᴺ VAN OCTOBRE 1617

ENDE VAN

JONCKVRAUWE MARIE VAN YZE, Fᴬ JACOB,

ZYNE HUYSVRAUWE,

DIE OVERLEET DEN 4 FEBRUARY 1628.

BID OVER DE ZIELEN.

3. *Walrave* BAELDE, créé membre du conseil des 27 le 14 juin 1579, Echevin les 14 juin 1580 et 5 juin 1582, conseiller de la chambre le 28 juillet 1583, décéda dans sa demeure, au côté sud de la rue au Beurre, le 21 janvier 1593 [13].

---

(1) RABAU. Armes : *d'argent, à la bande de gueules* (ex Rouleau Baelde).
(2) Reg. de la „Weezerie". Reg. n° 39, aᵒ 1559, fᵒ 80ᵛᵒ.
(3) Reg. de la „Quytscheldinghe". Reg. n° 27, aᵉ 1567—1568, fᵒ 282 et farde généalogique Baelde.
(4) Reg. de la „Notarie". Reg. n° 4ᵇⁱˢ, p. 169.
(5) Reg. de la „Weezerie". Reg. n° 43, aᵉ 1567, fᵒ 101 ᵛⁿ et Reg. de la „Quytscheldinghe". Reg. n° 27, aᵉ 1567—1568, fᵒ 255 ᵛᵒ.
(6) Reg. de la „Quytscheldinghe". Reg. n° 30², aᵉ 1572—1573, fᵉ 61.
(7) Reg. de la „Weezerie". Reg. n° 42, aⁿ 1566, fᵒ 66 ᵛⁿ.
(8) Collection des Etats de biens etc., nomine „Baelde", aᵒ 1619.
(9) Reg. de la „Weezerie". Reg. n° 43, aᵒ 1568, fᵒ 43ᵛᵒ.
(10) VAN YZE. Armes : *d'or, au cœur de gueules, percé d'une rose du même, ligée et feuillée de sinople.* (Rouleau Généalogique Baelde).
(11) Collection des Etats de biens, nomine „Baelde", aᵉ 1619—1628.
(12) Bibliothèque Publique d'Ypres. Section des manuscrits. J. J. Lambin : Epitaphier d'Ypres 1798—1799. Tome I, nᵒˢ 317 et 331.
(13) Collection des Etats de biens, nomine „Baelde", aᵒ 1598.

Il s'allia, avant 1580, à Demoiselle Jeanne *de Calckere* (¹), fille de Jacques, Echevin de la ville d'Ypres le 3 juin 1560 et conseiller des 27 les 3 juin 1561 et 2 juin 1562 et de Claire Reubrecht (²) et fut l'auteur d'une branche éteinte à la fin du XVIIIᵉ siècle.

4. *Michel* BAELDE, membre du conseil des 27 le 7 avril 1578; Echevin de la ville le 14 juin 1579; chef-homme des Petits Métiers le 14 juin 1580; chef-homme de la Bourgeoisie le 5 juin 1582 et membre du collège des Bourgeois Notables le 28 juillet 1583, le tout pendant l'occupation de la ville d'Ypres par les partisans de Ryhove, 1578—1584 (³), décéda à Delft, en Hollande, le 30 septembre 1630, après s'être marié, à Ypres en l'église de St Martin, après Pâques 1575, avec contrat du 16 mai de la dite année (⁴), à Isabelle *Bollengier*, fille de Pierre. IL FUT L'AUTEUR D'UNE BRANCHE ENCORE REPRÉSENTÉE DE NOS JOURS (1904) EN HOLLANDE (⁵).

5. *Nicolas* BAELDE, dit le jeune, membre du conseil des 27 du Magistrat d'Ypres le 5 juin 1582, se maria, avant 1580, à Demoiselle Marie *Lamoot* (⁶), trépassée avant le 13 mai 1594 (⁷), fille de Ghislain Lamoot, membre du collège des Bourgeois Notables les 4 juin 1552, 25 août 1574, 30 mai 1596, 30 mai 1597 et conseiller des 27 les 9 juin 1577 et 7 avril 1578 et de Demoiselle Jeanne van der Eecke (⁸). Nicolas Baelde se remaria, avec contrat du 29 octobre 1594 (⁹), à Anne *de Vriendt*, fille de Michel, et eut postérité.

6· *Catherine* BAELDE, encore en vie en Avril 1619 (¹⁰), s'allia primo, avec contrat du 10 septembre 1561 (¹¹), à Jean *Werckyn*, dit le jeune, membre du Haut collège des scelleurs de draps, le 25 août 1574, décédé en 1576 (¹²), fils de Jean Werckyn et de sa première femme (¹³); secondo, à l'église de Saint Martin à Ypres le 10 juin 1578, à Jean *van Bambeke* (¹⁴), fils de Jean.

7. *Marie* BAELDE, morte avant le 25 avril 1583 (¹⁵), épousa à Ypres en l'église de St. Martin, entre les 1 janvier et 4 février 1573, avec contrat du 27 décembre précédent (¹⁶), Daniel *Longhespée*, conseiller des 27 le 7 avril 1578; conseiller

---

(1) DE CALCKERE. Armes: *d'or, à la fasce échiquetée d'argent et de sable;* aliter (Chanoine de Joigny de Pamele) *d'azur, à un vol d'or.*

(2) Reg. de la „Quytscheldinghe". Reg. nᵒ 25ᵃ, fᵒ 188 et Cabinet Généalogique Arthur Merghelynck. Fragments généalogiques, tome 67, n° 86.

(3) Historia episcopatûs Iprensis, ex autographis Domini Gerardi de Meestere. Bruges 1871, pages 57 et 70. — Annales de la Société historique, archéologique et littéraire de la ville d'Ypres et de l'ancienne West-Flandre. Tome V, pages 357 à 372. — Janssens. Hervormde vluchtelingen &a, pages 71, 72, 85.

(4) Reg. de la „Quytscheldinghe". Reg. nᵒ 32, fᵒ 165ᵛᵒ.

(5) A. A. Vosterman van Oyen. Stam- en Wapenboek. Groningen 1881.

(6) LAMOOT. Armes: *d'or, à la double aigle éployée* ou *essorée de sable* (ex rouleau Baelde).

(7) Reg. de la „Weezerie". Reg. nᵒ 54, aᵒ 1594, fᵒ 40.

(8) Reg. de la „Weezerie". Reg. n°58, a°1601, f°47 et Reg. de la „Quytscheldinghe". Reg. aˢ 1593—1596, f° 63ᵛᵒ.

(9) Reg. de la „Notarie". Reg. n° 20, aˢ 1591—1595, fᵒ 289.

(10) Reg. de la „Notarie". Reg. n° 28, fᵒ 276ᵛᵒ.

(11) Reg. de la „Notarie". Reg. n° 4ᵇⁱˢ, fᵒ 158.

(12) Reg. de la „Weezerie". Reg. nᵒ 49ᵇⁱˢ, aᵒ 1584, fᵒ 34.

(13) Reg. de la „Quytscheldinghe". Reg. n° 23ᴷ, fᵒ 14.

(14) VAN BAMBEKE. Armes: *d'hermines, au franc canton d'azur, chargé d'une étoile d'or coupée.* (Rouleau Baelde).

(15) Reg. de la „Weezerie". Reg. n° 49, a° 1582, fᵒ 29ᵛᵒ.

(16) Reg. de la „Quytscheldinghe". Reg. n° 30², fᵒ 163ᵛᵒ.

de la chambre les 14 juin 1579, 14 juin 1580, 5 juin 1582 et 28 juillet 1583 membre du collège de la Trésorerie et commissaire des biens ecclésiastiques confisqués par les partisans de Ryhove, le 5 juin 1582, fils de Jean et de Christine Yst [1].

8. *Paschine* BAELDE, décédée avant le 21 janvier 1578 [2], se maria à Ypres, paroisse de St. Martin, après Pâques 1574, avec contrat du 19 juin 1574 [3], à Guillaume *Wullems* [4], marchand de laitage, conseiller des 27 le 14 juin 1580, décédé à Berghes St. Winoc le 1 octobre 1613 [5], après s'être remarié à Demoiselle Jeanne *Lou*, fille de Pierre. Il était fils de Mathieu Wullems, conseiller de la chambre les 14 juin 1579 et 1580; Echevin le 5 juin 1582 et conseiller des 27 le 28 juillet 1583, (et de Marie van der Biest?).

Du 3ᵐᵉ lit:

9. *François* suit VI.

VI. *François* BAELDE, mort vers le 8 février 1620 [6], donna décharge de tutelle le 15 septembre 1584, après s'être marié à Ypres en l'église de Saint-Nicolas, en présence de Guillaume Lamoot et de Jean Baelde, le 18 juin 1584, à Christine *Lamoot*, fille de Ghislain et de Demoiselle Jeanne van der Eecke [7]. De ce mariage naquirent, tous à Ypres, les enfants qui suivent :

1. *Walrave* suit VII.
2. *Ghislain* BAELDE, tenu sur les fonts baptismaux en l'église de St. Nicolas le 29 septembre 1585 par Ghislain Lamoot et Marie (van Yze), épouse de Jean Baelde, mourut en bas âge.
3. *Marie* BAELDE, baptisée en l'église de St. Nicolas le 26 août 1586, eut pour parrain Jean Baelde et pour marraine Marie Lamoot, épouse de Nicolas Baelde.
4. *Jacqueline* BAELDE, élevée au baptême en l'église de St. Martin, le 22 novembre 1588, par Nicolas Baelde et Jacqueline Lamoot, décéda enfant.
5. *Erasme* BAELDE, tenu sur les fonts baptismaux en l'église de St. Martin, le 20 février 1590, par Gilles de Vendeville et Jeanne de Calckere, épousa en l'église de St. Nicolas, le 2 juin 1620 [8], avec contrat du 8 mars précédent [9], Marie *Nicole*, fille de Jacques et de Jacqueline de Zomere [10].
6. *Ghislain* BAELDE, mort en bas âge, fut baptisé en l'église de St. Martin le 20 septembre 1592, à l'assistance de Ghislain Lamoot et de Marie (Inghelbeens), épouse de Chrétien Lamoot.

(1) Reg. de la „Quytscheldinghe". Reg. n° 33², fᵘ 49ᵛᵒ.
(2) Reg. de la „Weezerie". Reg. nᵛ 47, aᵒ 1577, fᵒ 58 et Collection des Etats de biens, nomine „Wullems", aᵒ 1578.
(3) Reg. de la „Quytscheldinghe". Reg. n° 31, aˢ 1573—1574, fᵘ 261ᵛᵒ.
(4) WULLEMS. Armes: *d'azur, à la fasce d'or, accompagnée de 3 besans du même.* (Manuscrits du Chanoine de Joigny de Pamele).
(5) Collection des Etats de biens, nomine „Wullems", aˢ 1578—1614.
(6) Reg. de la „Vooghdie". Reg. aˢ 1620—1633, fᵒ 3.
(7) Reg. de la „Quytscheldinghe". Reg. 39⁴, aˢ 1600—1603, fᵒ 319. Voir ci-devant page 12, note (6).
(8) Reg. de la „Poorterie". Reg. n° 14, fᵒ 301ᵛᵒ.
(9) Reg. de la „Quytscheldinghe". Reg. n° 43, aˢ 1619—1622, fᵒ 19ᵛᵒ.
(10) Reg. de la „Weezerie". Reg. n° 64, aᵒ 1617, fᵘ 19ᵛᵒ.

7. *Anne* BAELDE, élevée au baptême en l'église de St. Martin le 2 novembre 1594 par Antoine Cabilliau et Anne (de Vriendt), épouse de Nicolas Baelde, mourut à Ypres, paroisse de St. Martin, le 2 octobre 1648 [1], après s'être mariée en la dite église, les bans ayant été publiés en l'église de St. Jacques le 21 décembre 1614, avec contrat du 5 décembre précédent, à Adrien *Clarysse,* fils de Jacques.

8. *François* BAELDE, décédé avant son père, fut baptisé en l'église de St. Martin, le 14 janvier 1596, ayant pour parrain et marraine Ghislain de Corte et Jeanne Robyns.

9. *Olivier* BAELDE, tenu sur les fonts à St. Martin, le 13 avril 1597, par Olivier Bonaert et Marie Keingiaert.

10. *Catherine* BAELDE, morte en bas âge, fut baptisée en l'église de St. Martin le 25 septembre 1598, à l'assistance de Chrétien Lamoot et de Catherine, épouse de Maître François Bombaere.

11. *Jean* BAELDE, mort enfant, fut baptisé en la même église, le 6 décembre 1600, ayant pour parrain Jean Baelde et pour marraine Jacqueline, épouse d'Antoine Cabilliau.

12. *François* BAELDE, trépassé enfant, fut élevé au baptême en la même église le 31 janvier 1602, par Antoine van Heule et Catherine, femme de Mathieu Cabilliau.

13. *Ghislain* BAELDE, mort en bas âge, fut baptisé en la susdite église le 30 juillet 1603, à l'assistance de Paul de Schier comme parrain et de Claire Cabilliau comme marraine.

14. *Jacqueline* BAELDE, tenue sur les fonts baptismaux en l'église de St. Martin, le 25 mai 1606, par Jean Baelde et Jacqueline, femme d'Antoine Cabilliau, mourut en même temps que son mari de la maladie contagieuse, mêmes ville et paroisse, en octobre 1638 [2], après s'y être alliée, le 22 septembre 1625, à Jérome *Steels* [3], né à Ypres paroisse St. Martin, le 18 septembre 1597, fils de Josse et de sa première femme Jeanne van Eynde [4].

VII. *Walrave* ou *Walrand* BAELDE, élevé au baptême à Ypres, église de St. Nicolas, le 9 juillet 1584, par Jean Baelde, (son oncle paternel) et Jeanne van der Eecke, (son aïeule maternelle), trépassa peu avant le 10 février 1629 [5], après avoir épousé en l'église de St. Pierre de la même ville, le 23 septembre 1606, en présence de François Baelde, son père, Jacqueline *Domicent,* fille de Sieur Jean, conseiller des 27 les 7 juin 1570, 14 juin 1572, 20 juin 1575; membre du collège des Bourgeois Notables le 7 juin 1571; Echevin les 4 juin 1576 et 7 avril 1578; Conseiller de la Chambre les 9 juin 1577, 14 juin 1579 et 14 juin 1580. De ce mariage naquirent:

---

(1) Collection des Etats de biens, nomine „Clarysse", aᵒ 1657.
(2) Reg. de la „Vooghdie". Reg. nᵒ 4, aᵉ 1633—1646, fᵒ 130 et Collection des Etats de biens, nomine „Steels", aᵒ 1640.
(3) Reg. de la „Poorterie". Reg. nᵒ 15, fᵒ 125ᵛᵒ.
(4) Collection des Etats de biens, etc., nomine „Steels", aᵉ 1631—1646.
(5) Reg. de la „Vooghdie". Reg. nᵒ 3, aᵉ 1620—1633, fᵒ 178ᵛᵉ.

1. *François* BAELDE, baptisé en l'église de St. Nicolas le 1 mai 1608, eut pour parrain François Baelde, fils de Sieur Nicolas (son aïeul) et pour marraine la veuve Domicent.
2. *Jean* suit VIII.

VIII. *Jean* BAELDE, tenu sur les fonts baptismaux à Ypres, église de St. Jacques, le 13 Avril 1610, par Jean Domicent et Christine Lamoot, (son aïeule), décédé avant la naissance de son dernier enfant, se maria en l'église de St. Martin à Ypres, à l'âge de 18 ans, le 3 octobre 1628 [1], à Marie *le Mestre* ou *le Mettre,* étrangère à la bourgeoisie d'Ypres, fille d'Abraham, laquelle vivait encore en 1671 [2]. Ils procréèrent :
1. *Claire* BAELDE, élevée au baptême en l'église de St. Martin, le 26 novembre 1629, par Adrien Clarysse et Claire Cabilliau, épousa, mêmes église et ville, le 25 novembre 1656, en présence de Jean Domicent et de Georges Oreel comme témoins, Liévin *Fonteyne,* fils de Guillaume.
2. *Jacqueline* BAELDE, tenue sur les fonts, mêmes ville et paroisse, le 5 mars 1632, par Corneille Castaldo au nom de Maître Jean Domicent et Jacqueline Domicent, son aïeule, se maria en la même église, le 16 juillet 1658, à Georges *Oreel.*
3. *François* suit IX.
4. *Guillaume* BAELDE, baptisé à Ypres, église de St. Martin, le 1 juin 1635, ayant pour parrain Guillaume van der Haeghe et pour marraine Demoiselle Anne Quetstroy, épouse de Pierre Baelde.
5. *Catherine* BAELDE, élevée au baptême en l'église de St. Martin à Ypres, le 12 novembre 1636, par Jacques du Hamel et Louise, veuve de Philippe van Acker, trépassée peu avant le 7 janvier 1672 [3], s'était alliée, en l'église de St. Nicolas, le 3 mars 1671 à Théodore *Bruloot* [4], de la même paroisse, fils de Daniel, lequel mourut à son tour en la dite paroisse, le 26 octobre 1692.
6. *Jean* BAELDE, posthume, conduit au baptême en l'église de St. Martin le 15 mars 1639 par François de Kat au nom de Louis la Haye et Anne Baelde, épouse d'Adrien Clarysse, sa grand'tante.

IX. *François* BAELDE, tonnelier, tenu sur les fonts baptismaux en l'église de St. Martin à Ypres, le 16 octobre 1633, par François Baelde, son oncle et Vincente le Mestre, (épouse de Louis la Haye), sa tante, décéda à Ypres, paroisse St. Nicolas, dans sa maison dite „den Buck", au côté sud de la rue au Beurre, le 25 octobre 1679 [5]. Il était propriétaire, en commun avec Liévin Fonteyne et Georges Oreel, d'un fief de 2 mesures en Nieppe et de terres en Aspelaere, lesquels lui étaient échus par la mort de Sieur Jean Domicent, (probablement son grand-oncle ou cousin), mort

---

(1) Reg. de la „Poorterie". Reg. n° 16, f° 31.
(2) Registres paroissiaux. Registre aux baptêmes de St. Nicolas 1671, p. 53.
(3) Reg. de la „Vooghdie". Reg. 1670—1678, f° 67.
(4) Reg. de la „Poorterie". Reg. n° 22, f° 224ᵛ°.
(5) Collection des Etats de biens, nomine „Baelde", aˢ 1678—1679.

sans postérité à Gand. Il épousa à Ypres, primo, en l'église de St. Nicolas, le 3 octobre 1658, en présence de Jean Domicent et Nicolas Valcgrave comme témoins [1], Claire *Elieul,* fille de Jean, trépassée mêmes ville et paroisse, le 20 mars 1678 [2]; secondo, en l'église de St. Pierre, le 11 juin 1678, en présence de Liévin Fonteyne, son beau-frère comme témoin [3], avec contrat du 30 mai précédent, Anne *Pareyn,* fille de Jean, étrangère à la bourgeoisie d'Ypres. Il fut père des enfants suivants, tous baptisés à Ypres en l'église de St. Nicolas :

Du 1er mariage :

1. *Jean-François* suit X.
2. *Claire-Barbe* BAELDE, morte en bas âge, avait été baptisée le 5 décembre 1660, ayant pour parrain et marraine Nicolas Janssone et Claire-Catherine Woulaert.
3. *Pétronille* BAELDE, élevée au baptême le 11 mai 1662 par Messire François van Waelscappel et Demoiselle Pétronille van Werveke, mourut à Ypres, paroisse de St. Martin, le 10 mai 1709, après y avoir épousé, le 3 mai 1695, Dominique *Simoens* [1], né à Ypres, paroisse de St. Martin, le 25 mars 1658 et décédé en la paroisse de St. Jacques le 23 septembre 1728, veuf auparavant de Marie-Jeanne la Francq et fils de Gilles Simoens et de Marie de Mulder.
4. *Jacqueline-Claire* BAELDE, baptisée le 30 octobre 1663 à l'assistance de Maître Jean-Donatien Woulaert et de Demoiselle Jacqueline Janssone, épouse de Sieur Jean de Middelare, trépassa en célibat à Ypres St. Martin, le 3 juillet 1716.
5. *Anne-Thérèse* BAELDE, élevée au baptême le 11 janvier 1665, par Maître Jean Mazeman, de Poperinghe, et Anne van Werveke, veuve de Pierre Strupaert, morte à Ypres, paroisse de St. Martin, le 31 mai 1736, fut inhumée avec son premier mari en la dite église de St. Martin sous un marbre blanc, portant l'inscription suivante [5] :

D. O. M.

SEPULTURE VAN

MARYN FOCQUET, Fˢ MATHURIN,

OVERLEDEN DEN 13 AUGUSTY 1715

ENDE VAN

ANNA BAELDE, Fᴬ FRANS,

SYN HUYSVRAUW, OVERLEDEN 31 MEY 1736,

T' ZAEMEN GEPROCREEERT 3 KINDEREN :

FRANCISCUS-DOMINICUS, OVERLEDEN DEN   . . . . . ;

ANNA-CLARA, OVERLEDEN DEN 9 OUGST 1701 ;

MARIE-ANNE, OVERLEDEN DEN 28 7ᴮᴿᴱ 1711.

BID VOOR DE ZIELEN.

---

(1) Reg. de la „Poorterie". Reg. n° 20, f° 211.
(2) Collection des Etats de biens, nomine „Baelde", aᵃ 1678—1679.
(3) Reg. de la „Poorterie". Reg. n° 23, f° 221ᵛᵒ.
(4) Reg. de la „Poorterie". Reg. n° 26, f° 45.
(5) Bibliothèque publique d'Ypres. Epitaphier J. J. Lambin, tome I, n° 333.

Elle se maria, mêmes église et paroisse, d'abord le 10 juillet 1703, avec contrat du 30 juin précédent, à Marin *Focquet* (¹), décédé bourgeois d'Ypres, dites ville et paroisse le 13 août 1715 (²), fils de Mathurin et de Jeanne Bouteiller; ensuite, le 12 mai 1716, à Pierre-Antoine *de Leu* (³), baptisé à Ypres St. Pierre, le 1 Novembre 1686, trépassé à Ypres St. Nicolas, le 24 septembre 1738, fils de Pierre de Leu, le jeune, et de Marie de Robays.

6. *Marie-Françoise* BAELDE, jumelle de la précédente, morte en bas âge, eut pour parrain Sieur Chrétien Elieul, de Poperinghe et pour marraine Demoiselle Jacqueline Rebault, épouse de Sieur Jacques Bastynck.

7. *Marie-Angèle* BAELDE, baptisée le 17 mars 1662, à l'assistance de Jean-Baptiste van Provyn, de Steenvoorde et de Demoiselle Jacqueline van Werveke, veuve de Sieur Jacques de Meulenaere, mourut en célibat à Ypres St. Martin, le 29 août 1704.

Du second mariage:

8. *Corneille-François* BAELDE, baptisé le 20 juin 1679, ayant pour parrain et marraine Sieur Corneille Meeze et Demoiselle Marie-Thérèse de Meulenaere.

X. *Jean-François* BAELDE, tonnelier, tenu sur les fonts baptismaux à Ypres en l'église de St. Nicolas le 8 octobre 1659, par Maître Jean Persyn et Demoiselle Gratienne van Werveke, épouse de Sieur Jean-Donatien Woulaert, fut recensé à Ypres en 1698 (⁴), avec sa femme et deux filles, l'une au-dessus et l'autre en-dessous de douze ans, en la rue de Bailleul ou du Temple, et habitait au décès de sa deuxième femme, au côté ouest de la dite rue du Temple. Il se maria trois fois, à Ypres en l'église de St. Martin, en présence de Liévin Fonteyne, senior et Liévin Fonteyne, junior, ses oncle et cousin, d'abord, le 8 juillet 1681, avec contrat du 24 juin précédent, à Jeanne *Schrevels* (⁵), fille de Charles, décédée à Ypres St. Nicolas, le 15 avril 1690 (⁶); ensuite le 3 mai 1691, avec contrat du 20 avril précédent, à Marie-Anne *Kiecken* (⁷), fille de Thierry, trépassée à Ypres St. Nicolas, le 21 novembre 1695 (⁸); enfin, le 9 septembre 1696, à Marguerite-Thérèse *de Schildere* (⁹), née à Ypres St. Martin le 3 mai 1669, fille de Jean et de Françoise Terryn. De ces trois alliances naquirent:

Du 1ᵉʳ lit:

1. *Jeanne* BAELDE, baptisée en l'église de St. Nicolas, le 31 décembre 1685, ayant

---

(1) Reg. de la „Poorterie". Reg. n° 27, f° 68.
(2) Reg. de la „Vooghdie". Reg. n° 12, f° 31 et Collection des Etats de biens, nomine „Focquet", a° 1715.
(3) Reg. de la „Poorterie". Reg. n° 28, f° 251.
(4) Recensement général 1698.
(5) Reg. de la „Poorterie". Reg. n° 24, f° 46ᵛ°.
(6) Collection des Etats de biens, nomine „Baelde", a° 1691.
(7) Reg. de la „Poorterie". Reg. n° 25, f° 248.
(8) Collection des Etats de biens, nomine „Baelde", a• 1691 – 1696.
(9) Reg. de la „Poorterie". Reg. n° 26, f° 94ᵛ°.

pour parrain et marraine Jacques Ghys et Marie-Madeleine van de Walle, fille de Pierre.

Du 2me lit:

2. *Marie-Isabelle* BAELDE, régénérée par le baptême, mêmes église et paroisse, le 4 mars 1692, à l'assistance de Sieur Jean-Baptiste Maes et de Pétronille Baelde, fille de François, (sa tante).

Du 3me lit:

3. *Marguerite-Jacqueline* BAELDE, tenue sur les fonts en la même église le 4 août 1697, par Dominique Simoens (son oncle) et Jacqueline de Schildere.

4. *Isabelle-Geneviève* BAELDE, baptisée comme dessus, le 30 septembre 1698, ayant pour parrain, Sieur Jean-Baptiste de Febvre et pour marraine, Demoiselle Isabelle-Constance van den Bogaerde, trépassa en célibat, mêmes ville et paroisse le 4 novembre 1783.

5. *Joseph-Donat* auteur de la branche aînée, suit en annexe à la page 23 sous le numéro XIBIS.

6. *Jeanne-Charlotte* BAELDE, baptisée à Ypres, en l'église de St. Nicolas, le 13 juin 1701, décédée en la paroisse de St. Martin le 28 août 1707.

7. *Anne-Thérèse* BAELDE, tenue sur les fonts à Ypres St. Nicolas, le 11 juillet 1702, par André Grimmonprez et Anne-Thérèse Baelde, sa tante, morte à Ypres, le 11 mai 1769, épousa, en les mêmes ville et paroisse, le 2 mai 1725, Jean-Baptiste *la Haye* ou *Delhaye* (¹), veuf, fils de Jacques; ensuite, le 18 juillet 1730, François *Kneut* ou *Cnuidts*, mort avant sa femme.

8. *Isabelle-Claire* BAELDE, élevée au baptême, mêmes ville et paroisse, le 19 novembre 1703, par Melchior Terryn et Marguerite Hallaerts.

9. *Geneviève-Liévine* BAELDE, baptisée en l'église de St. Martin, le 10 novembre 1704, eut pour parrain, Sieur Charles le Thery et pour marraine, Demoiselle Isabelle la Croix, épouse de Monsieur de la Tour, Vicomte du Pin de la Charce. Elle se maria à Jean-Baptiste *Copman* (²).

10. *Pétronille-Martine* BAELDE, tenue sur les fonts en l'église de St. Martin, le 9 novembre 1705, par Guillaume Leuwers et Pétronille Baelde, (sa tante).

11. *Josèphe* BAELDE, baptisée en la même église, le 9 novembre 1705, ayant pour parrain et marraine J. Grimmonprez, chapelain de St. Martin et Demoiselle Jeanne de Febvre, veuve de Jean Boogaert.

12. *Marie-Thérèse* BAELDE, tenue sur les fonts en l'église de St. Martin à Ypres, le 14 décembre 1706, par le Révérend François-Ignace le Boucq, chapelain à Merchem et Louise de Quidt, veuve de Pierre de Schildere, mourut à Ypres, le 15 mars 1771 (³), après avoir épousé, mêmes ville et paroisse, le 25 novembre 1738, avec contrat du 21 précédent, François-Chrétien *Tyteca*, mort à Ypres le 28 mars 1780, fils de Chrétien et de Dorothée de Vos.

13. *Marin-Jean* BAELDE, baptisé à Ypres St. Martin, le 1 juillet 1709, à l'assistance de Marin Focquet et de Marie-Pétronille le Boucq, épouse d'Henri Maerten.

14. *Jean-Baptiste* suit XI.

---

(1) Reg. de la „Poorterie". Reg. n° 30, f° 56.
(2) Collection des Etats de biens etc., nomine „de Waegenaere", a° 1779.
(3) Collection des Etats de biens etc., nomine „Tyteca". a° 1771.

XI. *Jean-Baptiste* BAELDE fut tenu sur les fonts baptismaux à Ypres, en l'église de St. Martin, le 28 juillet 1711, par Sieur Pierre Leuwers, fils de Charles, et Hélène-Jacqueline de Bouck, fille de Nicolas et mourut bourgeois d'Ypres, à Hazebrouck, le 2 août 1741 [1]. Il avait épousé à Ypres, en l'église de St. Martin, le 20 novembre 1735, avec contrat du 16 novembre précédent, Marie-Jeanne *du Moulin* [2], née à Hazebrouck, trépassée à l'âge de 92 ans, à Ypres, paroisse de St. Nicolas, le 1 novembre 1795, fille d'Antoine et de Pétronille Haenes. De ce mariage naquirent à Ypres, paroisse de St. Martin, les enfants suivants :

1. *Thérèse* BAELDE, baptisée le 29 septembre 1736, épousa Jean-Bernard *de Cremers,* chirurgien à Bellem [3].
2. *Marie-Anne* BAELDE, née le 12 juin 1738, décédée en célibat à Ypres Saint Jacques, le 31 août 1773.
3. *Pierre-Jean-François* suit XII.

XII. *Pierre-Jean-François* BAELDE, tapissier, né à Ypres le 27 juin 1740, mort à Poperinghe le 19 septembre 1810, se maria à Ypres, en l'église de St. Martin, le 18 septembre 1762, à Reine-Josèphe *Fasquel* [4], née à Furnes, paroisse de St. Denis, trépassée à Poperinghe, à l'âge de 77 ans, le 10 octobre 1811, fille de Georges et de Claire-Isabelle Houtman. De ce mariage naquirent, tous à Ypres :

1. *Josèphe-Constance-Reine* BAELDE, baptisée en l'église de St. Martin le 22 septembre 1763, décédée à Ypres, le 25 mai 1833, s'était alliée, en l'église de St. Nicolas, le 21 juillet 1789, à Antoine-Jean *des Ramault,* chaudronnier, baptisé à Ypres St. Jacques, le 8 mars 1769, mort au dit Ypres le 6 février 1821, fils de Jean-François et d'Ursule-Dorothée Waeghenaere.
2. *Thérèse-Josèphe* BAELDE, baptisée en l'église de St. Martin, le 23 octobre 1764, trépassée à Ypres, le 16 décembre 1835, après s'être mariée, en l'église de St. Nicolas, le 17 février 1795, à Pierre-Antoine *Deldicq,* né à Neuve-Eglise, mort à Ypres, dans sa 36ᵉ année, le 5 octobre 1802, fils d'Antoine-François et d'Eugénie-Benoîte Baelde, de Neuve-Eglise.
3. *Pierre-Jean-François* suit XIII.
4. *Marie-Cornélie* BAELDE, baptisée en l'église de St. Nicolas, le 20 septembre 1769, morte en la même paroisse le 9 août 1771.
5. *Jeanne-Victoire* BAELDE, baptisée en la même église, le 9 mai 1771.
6. *Catherine-Thérèse* BAELDE, baptisée en la dite église, le 9 juillet 1773, trépassée, sans profession, à Ypres, le 10 février 1841, veuve de Jean *Felnez,* de Mayence.

XIII. *Pierre-Jean-François* BAELDE, tapissier, né à Ypres, paroisse de St.

---

(1) Collection des Etats de biens, nomine „Baelde", a⁰ 1751.
(2) Reg. de la „Poorterie". Reg. n° 31, f⁰ 147.
(3) Collection des Etats de biens, nomine „de Waegenaere", a° 1779.
(4) Reg. de la „Poorterie". Reg. n° 34, f⁰ 67ᵛ⁰.

Martin, le 6 août 1767, mort à Poperinghe, le 11 juillet 1819, avait épousé à Ypres en l'église de St. Nicolas, le 21 juillet 1789, Marie-Thérèse *de Geneffe*, née à Ypres St. Nicolas, le 26 mai 1764, fille de François-Joseph et de Marguerite Woestin. De cette union issurent les deux enfants, qui suivent :

1. *Pierre-Constantin* BAELDE, né à Poperinghe, paroisse de St. Bertin, le 29 mars 1790, mort à Ypres, paroisse St. Jacques, le 2 septembre suivant.
2. *Philippe-Charles* suit XIV.

XIV. *Philippe-Charles* BAELDE, orfèvre, né à Poperinghe, paroisse de St. Bertin, le 2 juin 1791, mort en Amérique, épousa au dit Poperinghe, le 19 août 1812, Anne-Thérèse *Vrambout*, née à Poperinghe le 25 septembre 1789, y décédée le 6 août 1822, fille de Pierre-Jacques-François et d'Isabelle-Barbe Carpentier. De ce mariage naquirent, tous à Poperinghe, les descendants suivants :

1. *Euphémie-Barbe-Cornélie* BAELDE, née le 24 juin 1813, trépassée célibataire au dit Poperinghe, le 30 décembre 1847.
2. *Virginie-Mélanie-Cornélie* BAELDE, née le 2 août 1814, décédée à Ypres le 13 septembre 1828.
3. *Amélie-Barbe-Cornélie* BAELDE, née le 18 mai 1816, morte à Poperinghe le 13 septembre 1817.
4. *Elise-Justine-Pauline* BAELDE, née le 4 novembre 1817, décédée à Poperinghe le 16 juillet 1818.
5. *Pierre-Joseph-Corneille* suit XV.
6. *Delphine-Thérèse-Cornélie* BAELDE, née le 8 janvier 1821, trépassée à Poperinghe le 6 mai 1825.

XV. *Pierre-Joseph-Corneille* BAELDE, agent de change, Chevalier de l'Ordre de Léopold, ancien adjoint au Syndic des Agents de change près la Bourse d'Anvers, ancien Major de la Garde Civique d'Anvers, naquit à Poperinghe le 12 février 1819 et décéda à Anvers le 3 février 1885. Il se maria en cette ville le 13 août 1844, à Jeanne-Marie-Cornélie *Smeesters*, née à Anvers le 15 décembre 1819, y trépassée le 18 décembre 1890, fille d'Henri-Charles et de Jeanne-Marie-Gertrude Vermeiren. Ils furent les auteurs des enfants suivants, tous nés à Anvers :

1. *Jeanne-Marie-Charlotte* BAELDE, née le 21 mars 1848, morte en célibat à Anvers le 31 mai 1872.
2. *Gustave-Jean-Hubert* BAELDE, directeur d'assurances, né le 26 décembre 1849, décédé à Cappellen le 1 juillet 1894, s'allia à Anvers, le 13 mai 1876, à Marie-Josèphe-Jeanne *Lambrechts*, née à Anvers le 12 août 1852, fille de Jean-François et de Jeanne-Sophie van Ceulen. De cette alliance naquirent, tous à Anvers :
   A. *Guillaume-Joseph-François* BAELDE, né le 7 mars 1877, passé de vie à trépas à Anvers le 13 février 1882.

B. *Charles-Oscar-Eugène* BAELDE, né le 30 septembre 1878, décédé à Anvers le 2 octobre suivant.

C. *Bertha-Marie-Jeanne* BAELDE, née le 6 février 1880.

D. *Marthe-Gabrielle-Marie* BAELDE, née le 24 août 1889.

3. *Eugène-Jean-Baptiste-Hubert* BAELDE, agent de change, Chevalier de l'Ordre de Léopold, ancien Colonel de la Garde Civique d'Anvers, né le 26 juillet 1851, épousa à Bruxelles, le 5 juin 1875, Gabrielle-Jeanne-Marie *de Cauwer,* née à Anvers le 14 octobre 1857, fille d'Auguste et de Mathilde-Dorothée van de Voorde. Ils ont les descendants suivants:

A. *Georges-Joseph-Auguste* BAELDE, né à Anvers le 15 mars 1876, décédé à Righi-Kaltbad (Suisse) le 13 août 1905.

B. *Jeanne - Marie - Gabrielle - Eugénie* BAELDE, née à Anvers le 30 mai 1877, mariée à St. Josse-ten-Noode, le 2 février 1899, à Fernand-Victor-Louis-Marie *Baetens,* agent de change, né à Anvers le 20 septembre 1872, fils de Victor-Henri-Marie et de Jeanne-Catherine-Louise Pottieuw. De ce mariage sont nés:

a. *Madeleine-Jeanne-Fernande,* née à Anvers le 24 décembre 1899, y trépassée le 14 septembre 1901.

b. *Fernande-Jeanne-Gabrielle,* née à Anvers le 11 juillet 1901.

c. *Jean - Pierre - Fernand - Eugène - Victor,* né à St. Josse-ten-Noode le 22 novembre 1904.

4. *Paulin-Jean-Baptiste-Joseph-Marie* suit XVI.

XVI. *Paulin-Jean-Baptiste-Joseph-Marie* BAELDE, agent de change, ancien Président de la Commission de la Bourse d'Anvers, né à Anvers le 2 avril 1854, se maria en cette ville, le 9 mai 1877, à Gabrielle-Marie-Pauline-Wilhelmine *de Bom,* née à Anvers le 19 septembre 1855, décédée à Wiesbaden (Prusse) le 24 août 1898, fille de Jean-Baptiste et de Constantine-Thérèse-Wilhelmine de Duve. De cette union sont nés, tous à Anvers:

1. *Paul-Joseph-Constant* suit XVII.

2. *Marcel-Jean-Joseph-Marie* BAELDE, docteur en droit, né le 19 mars 1879.

3. *Alice-Marie-Gabrielle-Constantine* BAELDE, née le 14 septembre 1882.

XVII. *Paul-Joseph-Constant* BAELDE, avocat à Anvers, né en cette ville le 7 février 1878.

ANNEXE.

Sur le désir formel de ceux qui font imprimer la présente notice, nous avons, à partir du degré XI, suivi la généalogie de la branche cadette de cette famille, celle qui donna naissance au rameau résidant à Anvers. Mais pour ne pas faire œuvre incomplète et par souci de la vérité historique, nous reprenons en annexe la généalogie de la branche aînée.

BRANCHE AINÉE.

1^{ier} RAMEAU.

XIBIS. *Joseph-Donat* BAELDE, tonnelier, fils de Jean-François et de sa troisième femme Marguerite-Thérèse de Schildere (Voir page 18, degré X—5), élevé au baptême en l'église de St. Nicolas à Ypres, le 14 octobre 1699, par Georges-Benoît van der Straete et Demoiselle Isabelle-Constance van den Bogaerde, mourut, mêmes ville et paroisse, le 11 novembre 1777 [1], après avoir épousé, en l'église de St. Jacques, le 24 novembre 1722, Anne-Marie *du Thoo* [2], baptisée en cette paroisse, le 4 août 1698 et trépassée en celle de St. Nicolas, le 3 décembre 1757 [3], fille de Pierre et de Dorothée Godtschalck. De ce mariage naquirent les enfants suivants, qui furent tous baptisés en l'église de St. Nicolas à Ypres:

1. *Marie-Jacqueline* BAELDE, baptisée le 28 juillet 1724, décédée à Ypres, paroisse de St. Nicolas, le 16 septembre 1766 [4], épousa en la dite ville en l'église de St. Jacques, le 26 avril 1761, avec contrat passé à Ypres, devant le Notaire Roland-André Quetstroy, le 22 avril précédent, Pierre-Jacques *de Mey* [5], né à Brielen, fils de Philippe-Jacques et de Marie-Thérèse le Jeaune.

2. Sieur *Jean-Joseph,* aliter *Joseph-Jean* BAELDE, marchand de vins, né le 20 septembre 1726, mort à Ypres le 15 avril 1810, s'y allia, en l'église de St. Nicolas, le 15 mai 1772, à Isabelle-Thérèse *Rosiau* [6], y baptisée le 12 octobre 1748, trépassée au dit Ypres, le 1 août 1829, fille de Jean-Baptiste et de Josèphe Savers. Ils procréèrent les descendants suivants, tous nés et baptisés à Ypres St. Nicolas, sauf les trois derniers, nés à St. Martin:

A. *Isabelle-Josèphe* BAELDE, baptisée le 8 mai 1772, morte le 30 décembre 1780.

B. *Thérèse-Josèphe* BAELDE, née le 5 octobre 1773, épousa en l'église de St. Martin, le 23 novembre 1795, Dominique-Joseph *de Bruyne,* négociant, né à Bailleul le 8 août 1770, y vivant encore en 1811, fils de Dominique-François et de Jacqueline-Cornélie Vertomme.

C. *Pierre-Joseph* BAELDE, tonnelier, né le 11 janvier 1775, résidant à Gand en 1811.

D. *Henri-Léon* BAELDE, employé au Commissariat d'Arrondissement d'Ypres, né le 8 décembre 1775, décédé célibataire à Ypres, le 26 juin 1844.

E. *Sophie-Caroline* BAELDE, née le 4 janvier 1777, morte le 25 mars 1778.

F. *Louise-Amélie* BAELDE, baptisée le 20 mars 1778, trépassée le 9 janvier 1779.

---

(1) Collection des Etats de biens, nomine „Baelde", a• 1759—1778.
(2) Reg. de la „Poorterie". Reg. n• 29, f° 288.
(3) Collection des Etats de biens, nomine „Baelde", a• 1759—1778.
(4) Collection des Etats de biens, nomine „de Mey", a° 1786.
(5) Reg. de la „Poorterie". Reg. n° 34. f° 96.
(6) Reg. de la „Poorterie". Reg. n° 35, f• 114.

G. *Amélie-Perpétue* BAELDE, née le 14 janvier 1780, décédée en célibat à Ypres, le 8 novembre 1852.

H. *Marie-Josèphe* BAELDE, baptisée le 30 mars 1781, morte célibataire à Ypres le 26 mai 1859.

I. *Pierre-Liévin* BAELDE, né le 16 août 1782, décédé le 14 février suivant

J. *Julie-Nathalie* BAELDE, née le 11 mars 1784, morte le 1 janvier 1797.

K. *François-Liévin* BAELDE, né le 13 juin 1786, décédé le 17 novembre 1787.

L. *Brunon-Albert* BAELDE, né le 23 mars 1788, décédé le 3 juin 1791.

M. *Nathalie-Rose* BAELDE, baptisée le 3 août 1789, se maria à Sieur Ernest-Henri *Sieling*, brigadier d'un régiment de Hussards du Hanovre, successivement en garnison à Ypres et à Courtrai, habitant le Hanovre en 1811 (¹).

N. *Pierre-François-Xavier* BAELDE, né le 13 mai 1791, fusilier de la 1re compagnie du 1r bataillon de la Garde Impériale en 1811.

O. *Justine-Josèphe* BAELDE, née le 2 juillet 1792, morte le 5 avril 1794.

3. *Marie-Josèphe* BAELDE, baptisée le 13 décembre 1728, décédée célibataire à Ypres, le 18 octobre 1810.

4. *Bartholomé-Martin* suit XII.

5. *Marie-Anne-Thérèse* BAELDE, baptisée le 9 août 1733, décédée en célibat à Ypres, le 8 mars 1808.

6. *Pierre-Léonard* BAELDE, tonnelier, né le 29 juin 1736, décédé à Ypres, sans s'être marié, le 12 décembre 1798.

7. *Isabelle-Constance* BAELDE, baptisée le 19 janvier 1739, trépassée en célibat à Ypres, le 17 avril 1812.

XII. *Bartholomé-Martin* BAELDE, chapelier, né à Ypres le 11 janvier 1731, y décédé le 10 août 1806, épousa à Ypres, en l'église de St. Jacques, le 10 février 1766, Marie-Isabelle-Claire *van de Wynckel*, née à Voormezeele, morte à Ypres le 23 septembre 1807, fille de Pierre et d'Isabelle-Thérèse Dieusaert. De cette union naquirent à Ypres St. Nicolas :

1. *Martin-Joseph* BAELDE, né le 2 février 1767, mort le 9 novembre suivant.

2. *Joseph-Laurent* BAELDE, tonnelier, né le 10 août 1768, mort à Ypres le 26 avril 1839, s'y allia, le 9 février 1801, à Brigitte *Lams*, née à Thielt, décédée à Ypres, à l'âge de 72 ans, le 22 janvier 1846, fille de Louis et de Marie-Anne Buyse. Ils procréèrent tous nés à Ypres :

A. *Constantin-Laurent-Louis* BAELDE, né le 21 septembre 1801, décédé le 3 février suivant.

B. *Virginie-Anne* BAELDE, née le 17 novembre et morte le 22 décembre 1802.

C. *Mélanie-Julie* BAELDE, jumelle de la précédente, décédée le 24 janvier 1803.

D. *Henri-Joseph-Louis* BAELDE, tonnelier, né le 23 mars 1804, mort à Ypres le 18 avril 1844, se maria à Ypres, le 7 avril 1836, à Elise-Julienne *de Snick*, née à Menin le 15 août 1816, habitant Lille en 1861, fille de François-Gérard et d'Anne-Barbe Wallaert. De ce mariage naquirent, tous à Ypres :

a. *Virginie-Julienne-Barbe* BAELDE, née le 28 novembre 1835, légitimée par le mariage subséquent de ses parents, s'allia à Ypres, le 26 septembre 1861

---

(1) Nouvelles acquisitions. — Fonds moderne van der Meersch, non classé.

à Augustin-Godefroid *de Jaegher*, tailleur à Vlamertinghe, né à Ypres le 12 janvier 1836, fils de Pierre-Antoine et de Marie-Thérèse Verbeke.

b. *Henri-Joseph-Louis* BAELDE, né le 27 janvier 1837, décédé le 10 août de la même année.

c. *Henri-Edouard* BAELDE, né le 10 janvier 1839, partit d'Ypres.

d. *Philidor-Jules* BAELDE, né le 4 mai 1841, mort le 14 janvier 1842.

E. *Philippe-Jacques* BAELDE, né le 12 avril 1807, décédé le 1 mai suivant.

F. *Philippe-Jacques* BAELDE, né le 11 avril 1808, mort le 26 avril 1809.

3. *François-Martin* suit XIII.

4. *Marie-Jeanne* BAELDE, née le 17 et morte le 18 février 1772.

5. *Pierre-Jacques*, auteur du 2e rameau, suivra XIIIBIS.

XIII. *François-Martin* BAELDE, chapelier, né à Ypres le 5 janvier 1770, y décédé le 26 février 1835, épousa en cette ville, primo, le 16 février 1795, Marie-Claire *du Pont*, née à Alveringhem (arrondissement de Furnes), le 17 août 1772, morte à Ypres le 30 mars 1810, fille de Roch-François et de Pétronille-Thérèse Pinte; secondo, le 20 novembre 1811, Isabelle-Jeanne-Thérèse *van de Kerckhove*, née à Ypres, paroisse St. Pierre, le 1 mars 1789, morte à Ypres le 21 février 1844, fille de Brunon-Ignace et de Jeanne-Jacqueline-Amelberge de Hoorne. De ces deux mariages naquirent, tous à Ypres, les enfants suivants :

Du 1^{ier} lit :

1. *Marie-Isabelle-Thérèse* BAELDE, née le 1 novembre 1795, mariée à Ypres, le 6 septembre 1820, à Laurent-François *Suru*, tonnelier, né à Bruges, fils de Laurent et d'Isabelle Cales.

2. *Joseph-François-René* BAELDE, né le 26 avril 1797, mort le 28 août suivant.

3. *Pélagie-Thérèse-Françoise* BAELDE, née le 9 juillet 1798, décédée le 13 octobre 1799.

4. *François-Joseph-Léopold* BAELDE, né le 8 septembre 1799, trépassé le 1 juin 1800.

5. *Thérèse-Charlotte* BAELDE, née le 1 novembre 1800, quitta Ypres.

6. *Pierre-François* BAELDE, tisserand, né le 28 juin 1802, se maria à Ypres, le 10 février 1830, à Marie-Cécile *van Coille*, née à Alveringhem (arrondissement de Furnes), le 4 novembre 1804, fille de Charles et d'Anne-Cécile Cornette, dont il eut:

   A. *Hortense-Clémence-Emerence* BAELDE, née à Ypres le 5 novembre 1830, y décédée le 12 septembre 1831.

7. *Henri-Louis-Léopold* BAELDE, né le 19 mai 1805, quitta Ypres.

8. *Jean-Louis* BAELDE, né et décédé le 12 mars 1807.

9. *Dominique-François* BAELDE, né le 20, mort le 23 février 1808.

Du 2me lit :

10. *Louis-François* BAELDE, né le 10 septembre 1812, mort le 10 mars 1813.

11. *Louise-Thérèse* BAELDE, née le 11 novembre 1813, décédée le 17 août 1816.

12. *Joseph-François* BAELDE, né le 5 avril, mort le 12 juin 1815.

13. *Constantin-Fidèle-Amand* suit XIV.

14. *Emerence-Eulalie* BAELDE, née le 13 mars 1819, décédée le 7 novembre 1820.
15. *Josèphe-Catherine-Isabelle* BAELDE, née le 14 février 1821, trépassée en célibat à Ypres, le 10 mai 1900.
16. *Emmanuel-Alphonse* BAELDE, né le 16 février 1824, mort le 13 septembre 1825.
17. *Louis-Richard* BAELDE, né le 15 février 1827, a quitté Ypres.

XIV. *Constantin-Fidèle-Amand* BAELDE, cordonnier, né à Ypres le 11 juillet 1816, y décédé le 9 mai 1879, épousa en cette ville le 4 octobre 1843, Julie-Rose *Six*, née à Menin, le 9 janvier 1820, trépassée à Ypres le 25 juin 1895, fille de Théodore-Joseph et de Rose-Placide le Roy. Ils procréèrent, tous nés à Ypres :

1. *Théodore-Joseph-Amand* BAELDE, peintre, né le 9 juillet 1844, décédé en célibat à Ypres le 25 juin 1891.
2. *Richard-Louis-Placide* BAELDE, né le 18 juin 1845, trépassé le 26 juin 1846.
3. *Julien-Louis-Placide* BAELDE, soldat de la Légion étrangère d'Afrique, né le 26 février 1847, mort célibataire à Poitiers (Département de la Vienne-France) le 16 janvier 1871.
4. *Valérie-Marie-Eugénie* BAELDE, née le 13 mars 1849, a quitté Ypres pour Courtrai le 22 décembre 1896.
5. *Marie-Julienne* BAELDE, née le 26 juin 1851, épousa à Ypres le 22 décembre 1896, Joseph *van Wauw*, né à Cappellen (lez-Anvers) le 11 octobre 1846, fils de Pierre et de Marie-Elisabeth Dons et quitta Ypres pour Courtrai, le 22 décembre 1896.
6. *Céline-Virginie* BAELDE, née le 23 décembre 1853, mariée à Ypres le 14 avril 1879, à Arthur-Léonard *de Thoor*, peintre, né à Ypres le 4 novembre 1854, fils de Pierre-Félix et de Léonie-Marie Rabau. Ils ont quitté Ypres.
7. *Arthur-Polydore* suit XV.
8. *Alphonse-Gustave* BAELDE, né le 3, mort le 27 juillet 1859.
9. *Léon-Julien* BAELDE, né le 3 juillet 1859, mort le 21 juin 1860.
10. *Polydore-François-Joseph* BAELDE, né le 21 juillet 1861, employé des contributions indirectes dans l'Annam (Indo-Chine) en 1904.

XV. *Arthur-Polydore* BAELDE, surveillant au Ministère de la Justice à Bruxelles, né à Ypres le 22 avril 1855, mort à Bruxelles le 9 juillet 1905, épousa à Ypres le 24 août 1881, Céline-Eveline *van Becelaere*, née à Ypres le 27 mai 1857, fille de François-Joseph et de Julie-Thérèse Huseel. De ce mariage sont nés les enfants suivants :

1. *Esther-Hélène-Marie* BAELDE, née à Ypres, le 8 mars 1882.
2. *Henri-Polydore* BAELDE, né à Héverlé (Louvain), le 28 janvier 1883.
3. *Théophile-Marie* BAELDE, né à Héverlé, le 16 mars 1884.
4. *Berthe-Jeanne* BAELDE, née à Héverlé, le 20 février 1887.
5. *Adrienne-Françoise* BAELDE, née à Gand, le 18 août 1890.
6. *Valère-Edgard* BAELDE, né à Gand, le 28 août 1891.
7. *Julien-Albéric* BAELDE, né à Gand, le 1 juillet 1894.

2me RAMEAU.

XIIIBIS. *Pierre-Jacques* BAELDE, marchand chapelier, (fils de Bartholomé-
Martin et de Marie van de Wynckel, voir page 25, degré XII — 5), naquit
à Ypres, paroisse de St. Nicolas, le 13 janvier 1773 et décéda en cette
ville, le 4 décembre 1855. Il épousa à Ypres, d'abord, en l'église de St.
Martin, le 13 avril 1795, Marie-Anne-Philippine *Ninous*, née à Ypres
St. Jacques, le 17 avril 1762, trépassée en cette ville le 31 décembre 1825,
fille de Jean et de Pétronille-Thérèse Behaeghel; ensuite, le 2 mai 1827,
Hortense-Prudence *Mangeaille*, née à Ypres le 10 février 1808, y décédée le 12 juin 1831, fille de Charles et de Jacqueline Verstraete. De ces
mariages naquirent à Ypres :

    Du 1^{ier} lit :

1. *Pierre-François* BAELDE, baptisé à Ypres St. Martin, le 3 septembre 1796, y
   mort le 15 septembre suivant.

    Du 2^d lit :

2. *Hortense-Charlotte* BAELDE, née à Ypres le 8 janvier 1829, résidant à Schaerbeek
   (Bruxelles), épousa à Ypres, le 21 mai 1850, Thomas *Cambresy*, sous-lieutenant
   à la 4e batterie montée du 3e régiment d'artillerie à Termonde, né à Verviers
   le 26 décembre 1815, trépassé, capitaine-commandant d'artillerie pensionné, à
   Schaerbeek le 29 septembre 1887, fils de Thomas et de Jeanne-Victoire Chèvremont.
3. *Félicien-Paul-Emile* suit XIV.

XIV. *Félicien-Paul-Emile* BAELDE, propriétaire, caissier au mont de piété à
Courtrai, vit le jour à Ypres le 27 mai 1831 et épousa à Courtrai, le
29 septembre 1856, Léonie-Marie-Sophie *de Stoop*, née à Reninghe le 6
mars 1835, morte à Courtrai le 12 novembre 1895, fille de Frédéric et
de Sophie-Eugénie van den Berghe. De ce mariage sont nés, tous à
Courtrai, les enfants suivants :

1. *Jules-Félicien-Léon-Thomas-Marie* suit XV.
2. *Julie-Marie-Henriette-Eudoxie* BAELDE, née le 21 janvier 1859, trépassée à
   Courtrai le 25 novembre 1881.
3. *Adolphe-Benoit-Joseph-Labre-Vincent* BAELDE, représentant de la Société des
   Carrières de Tournai à Courtrai, né le 19 juillet 1860, se maria à Heule, le 28
   septembre 1897, à Clotilde-Louise-Marie *de Quinnemar*, née en cette commune
   le 16 juin 1870, décédée à Courtrai, le 18 avril 1904, fille d'Edmond-Victor et
   de Louise van den Berghe. Ils ont procréé les descendants suivants, tous nés
   au dit Courtrai :
   A. *Félicien-Thomas-Raymond-Gustave* BAELDE, né le 19 octobre 1898, mort à
   Courtrai le 11 février 1899.

    B. *Gustave-Félicien-Thomas-Marie* BAELDE, né le 28 novembre 1899.

    C. *Raymond-Félicien-François-Joseph-Marie* BAELDE, né le 8 décembre 1900.

    D. *Julie-Marie-Hortense-Josèphe* BAELDE, née le 23 juin 1902.

    E. *Vincent-Joseph-Ernest* BAELDE, né le 3 mars 1904.

4. *Gustave-Joseph-Pierre-Marie* BAELDE, né le 17 septembre 1863, mort à Courtrai le 12 octobre 1890.

5. *Marie-Jeanne-Amélie-Marguerite* BAELDE, née le 15 janvier 1866, décédée à Courtrai le 12 novembre 1868.

6. *Marie-Jeanne-Amélie-Josèphe-Henri-Pétronille* BAELDE, née le 15 juillet 1870, trépassée à Courtrai le 23 juillet 1892.

7. *Sophie-Eugénie-Marie-Charlotte* BAELDE, née le 4 novembre 1871, morte à Courtrai le 17 mars 1872.

XV. *Jules-Félicien-Léon-Thomas-Marie* BAELDE, négociant à Bruges, né à Courtrai le 22 juillet 1857, s'allia à Tamise, le 2 août 1887, à Marie-Louise *van Raemdonck*, née à Tamise le 12 mars 1859, fille d'Edouard-Ghislain et de Thérèse-Clémentine Segers. De cette union sont nés, tous à Bruges :

1. *Fernand-Jules-Louis-Edouard-Léon-Félicien-Joseph* BAELDE, né le 6 juin 1888.

2. *Marie-Julie-Louise-Félicienne* BAELDE, née le 12 août 1889.

3. *William-François-Gustave-Marie* BAELDE, né le 2 mai 1891.

Acker (van) 15
Ameloot 2

Baetens 21
Bambeke (van) 12
Bastynck 17
Becelaere (van) 26
Behaeghel 27
Beke (van der) 11
Bentin 3
Berghe (van den) 27
Bert (de) 4
Biest (van der) 13
Bogaerde (van den) . . . 18, 23
Bollengier 12
Bom (de) 21
Bommaere, Bombaere . 9, 10, 14
Bonaert 14
Boogaert 18
Bouck (de) 19
Boucq (le) 18
Boulogne (van) 4
Bouteiller 17
Bruloot 15
Brune, Bruyne (de) . . . 9, 23
Bubbe 11
Buyse 24

Cabilliau 14, 15
Cailliau (Keilliau) . . . 3, 4
Calckere (de) 12, 13
Cales 25
Cambresy 27
Camere (van der) 7
Camphin 5
Carpentier 20
Castaldo 15
Cauwer (de) 21
Ceulen (van) 20
Chèvremont 27
Clarysse 14, 15
Cnocx (s') 5
Cnuidts 18
Coille (van) 25
Copman 18
Cornette 25
Corte (de) 3, 7, 14
Cremers (de) 19

Croix (la) 18

Damman dit Moenin 1
Deldicq 19
Delhaye 18
Deurnaghel 10
Dieusaert 24
Domicent 14, 15
Dons 26
Douve (de la, ou van der Dovye) 6
Duve (de) 21

Eecke (van, ou van der) 5, 12, 13, 14
Elieul 16, 17
Emmeloot 2
Ente 1, 2, 3
Eynde (van) 14

Fasquel 19
Febvre, ou Fevere (de) . . . 18
Felnez 19
Focquet 16, 17, 18
Fonteyne 15, 16, 17
Francq (la) 16
Frutier 5, 7

Geneffe (de) 20
Ghys 18
Godtschalck 23
Grimmonprez 18

Haeghe (van der) 15
Haenes 19
Haerlebeke (van) 3
Hallaerts 18
Hamel (du) 15
Hauweel 8
Haye (la) 15, 18
Heule (van) 14
Heyms 3
Hobbele 2
Hoorne (de) 2, 3, 25
Houtman 19
Huseel 26

Inghelbeens 13

Jaegher (de) 24
Janssone 16

Jeaune (le) 23

Kaï (de) 15
Keingiaert 14
Kerckhove (van de) . . . 25
Kiecken 17
Kneut 18

Lambrechts 20
Lamoot 12, 13, 14, 15
Lams 24
Lanchals 6
Leu (de) 17
Leuwers 18, 19
Longhespée 12
Lonis 3, 8
Lotins 5
Lou 13

Maerten 18
Maes 18
Mangeaille 27
Mazeman 16
Meeze 17
Mestre, ou Mettre (le) . . . 15
Meulenare (de) 17
Meulene (van der) 10
Mey (de) 23
Middelare (de) 16
Minne 5
Mortier 5
Moulin (du) 19
Mulder (de) 16

Navigheer 9
Nicole 13
Nimmegheer 11
Ninous 27

Oreel 15

Pareyn 16
Persyn 17
Pinte 25
Pont (du) 25
Poot 4
Pottieuw 21
Priem 2, 11
Provyn (van) 17

Quetstroy 15, 23
Quidt (de) 18
Quinnemar (de) 27

Rabau, Rebault . . . 11, 17, 26
Raedt (de, 'ts Raets) . . . 2, 3
Raemdonck (van) 28
Ramault (des) 19
Reubrecht, Rubrecht . . . 4, 12
Robays (de) 17
Robyns 14
Rosiau 23
Roy (le) 26
Ryckewaert 7

Savers 23
Schier (de) 14
Schildere (de) . . 10, 17, 18, 23
Schoonvelde (van) 6
Schrevels 17
Segers 28
Sieling 24
Simoens 16, 18
Six 26
Smeesters 20
Smets 1
Snick (de) 24

Steels 14
Stoop (de) 27
Storem (de) 10
Straete (van der) 23
Strupaert 16
Suru 25

Tasseel 4
Tayspil 9
Terryn 17, 18
Thery (le) 18
Thibault 4, 8, 9
Thomaere 2
Thoo (du) 23
Thoor (de) 26
Tour (de la) 18
Tyteca 18

Uutenhove 10

Valcgrave 16
Vanins 7
Vendeville (de) 13
Verbeke 24
Vermeiren 20
Verstraete 27
Vertomme 23

Veselaere (de) 7
Vincx ('s) 4
Voorde (van de) 21
Vos (de) 18
Vrambout 20
Vriendt (de) 12, 14
Vroede (de) 9
Waeghenaere 19
Waelscappel (van) 16
Wallaert 24
Walle (van de) 18
Wauw (van) 26
Werckyn 12
Werveke (van) 16, 17
Wevele 5
Woestin 20
Woulaert 16, 17
Wullems 13
Wynckel (van de) . . . 24, 27

Ymmeloot 1, 2
Yst 13
Yze (van) 11, 13

Zomere (de) 13
Zuutpeene (van) 10
Zwanckaert 5, 7

www.ingramcontent.com/pod-product-compliance
Lightning Source LLC
LaVergne TN
LVHW011414170726
843501LV00006B/2204